沈阳市哲学社会科学规划课题委托课题（课题编号 SYWT202109）
东北大学思业融合燎原计划系列丛书

育知与育德
有机融合

课程思政建设的思考与探索

丁义浩　编著

东北大学出版社

·沈　阳·

图书在版编目（CIP）数据

育知与育德有机融合：课程思政建设的思考与探索 /
丁义浩编著 . -- 沈阳：东北大学出版社，2024．9.
ISBN 978-7-5517-3664-0

Ⅰ . G641

中国国家版本馆 CIP 数据核字第 20248PY446 号

出　版　者：东北大学出版社
　　　　　　地址：沈阳市和平区文化路三号巷 11 号
　　　　　　邮编：110819
　　　　　　电话：024-83683655（总编室）
　　　　　　　　　024-83687331（营销部）
　　　　　　网址：http://press.neu.edu.cn
印　刷　者：辽宁一诺广告印务有限公司
发　行　者：东北大学出版社
幅面尺寸：165 mm×235 mm
印　　张：12.5
字　　数：180 千字
出版时间：2024 年 9 月第 1 版
印刷时间：2024 年 9 月第 1 次印刷
责任编辑：孙　锋
责任校对：刘新宇
封面设计：潘正一
责任出版：初　茗

ISBN 978-7-5517-3664-0　　　　　　　　　定　价：68.00 元

前　言

坚持"育人"与"育才"相统一的人才培养辩证法

习近平总书记在党的二十大报告中指出："育人的根本在于立德。全面贯彻党的教育方针，落实立德树人根本任务，培养德智体美劳全面发展的社会主义建设者和接班人。"新时代提高课程思政的质量和效能，必须不忘初心、牢记使命，时刻不忘"立德树人"初心和"为党育人、为国育才"使命，坚持"育人"与"育才"相统一的人才培养辩证法。

首先，坚持育人与育才相统一体现了课程思政的根本任务。育人与育才是一个相互统一的有机整体，不能偏废也不能独成。"才者，德之资也；德者，才之帅也。"在育人与育才的关系中，育人应始终放在首位，其侧重于德性和德行，直接指向价值观念和行为方式。强调育人，并不意味着忽略或轻视育才，因为没有独立于育人之外的育才。育才侧重于知识和技能，直接指向的是创造力、分析力、领导力。因此，在人才培养过程中，教育者要坚持价值性和知识性相统一，寓价值引导于知识传授和技能提升中，要让学生拥有高尚的德行，并逐渐掌握过硬的本领，提升整体能力，使其在未来成就事业、造福社会。

其次，坚持育人与育才相统一彰显教育的价值追求。强国必先强教。教育作为一种社会功能，应有目的、有计划、有组织地培养国家发展所需要的人。教育是民族振兴、社会进步的重要基石，是对中华民族伟大复兴具有决定性意义的事业。立大德方能成大才，一个人的品格决定着其才能的作用方向和效用发挥。党的十八大提出"把立德树人作为教育的根本任务"，党的十九大再次强调"落实立德树人根本任务"，党的二十大旗帜鲜明地指出"育人的根本在于立德"。这就要求教育者必须站稳政治立场、明确教育方向、遵循教育规律，不断彰显教育的价值追求。要在新时代的大背景下审好教育这道关涉千秋伟业的大题，真正答好"培养什么人、怎样培养人、为谁培养人"这张基础性、先导性、全局性考卷。

最后，实现育人与育才相统一必须遵循教育规律和人才成长规律。"德若木之根，才若木之枝""求木之长者，必固其根本"。而教育具有"后效应"特征，也是"后真相"的过程。坚持育人与育才相统一的人才培养辩证法，培养德智体美劳全面发展的社会主义建设者和接班人，要遵循教育规律和人才成长规律，不能急功近利、拔苗助长，必须持之以恒、久久为功。要践行以人民为中心的发展思想，从学生的主体需要和诉求出发，围绕学生、观照学生、服务学生，把育人与育才内化到教育的全过程、全方位。只有按照"办好人民满意的教育"的要求，扎根中国、放眼世界，深化改革、优化供给，守正创新、固本培元，才能培养出"一代又一代拥护中国共产党领导和我国社会主义制度、立志为中国特色社会主义事业奋斗终身的有用人才"。

丁义浩

2024 年 5 月 30 日

目　录

上篇　溯源·思考

第一章　我国高等教育育人理念的演进……………………………… 002

第一节　培养全面发展的社会主义人才……………………… 003

第二节　培养"四有"新人………………………………… 005

第三节　新时代"三全育人"……………………………… 007

第二章　课程思政的内涵与本质属性………………………………… 017

第一节　课程思政的基本内涵……………………………… 018

第二节　课程思政的实践模式与主体责任………………… 035

第三章　课程思政的内容选择与功能实现…………………………… 047

第一节　课程思政的内容选择……………………………… 048

第二节　课程思政的功能实现……………………………… 062

下篇　探索·实践

第四章　课程思政引领教育回归初心和使命………………………… 092

第一节　课程思政建设须打破三个误区…………………… 093

第二节　课程思政建设必须厘清三个内在规定性………… 098

第三节　研究生课程思政建设必须聚焦"三高"………… 103

第五章　课程思政建设必须以社会主义核心价值观为引领⋯⋯⋯ 112

第一节　社会主义核心价值观引领课程思政建设的理论向度⋯ 113
第二节　社会主义核心价值观引领课程思政建设的实践困境⋯ 118
第三节　社会主义核心价值观引领课程思政建设的实践路径⋯ 123

第六章　课程思政建设必须因地制宜各具特色⋯⋯⋯⋯⋯⋯ 130

第一节　重塑数据科学思维体系的"心""脑""体"——以"数
据科学思维与大数据智能分析技术"的课程思政建设为
例⋯⋯⋯⋯⋯⋯⋯⋯⋯⋯⋯⋯⋯⋯⋯⋯⋯⋯⋯⋯ 131
第二节　探索课程思政建设的 BEACON 模式——以东北大学课程
思政建设为例⋯⋯⋯⋯⋯⋯⋯⋯⋯⋯⋯⋯⋯⋯⋯⋯ 141
第三节　课程思政视域下创新创业教育的提质增效研究⋯⋯⋯ 149

第七章　困境与突围：育知和育德的有机融合⋯⋯⋯⋯⋯⋯ 170

第一节　破解教育内容阐发的困境⋯⋯⋯⋯⋯⋯⋯⋯⋯ 171
第二节　破解多元主体协同的困境⋯⋯⋯⋯⋯⋯⋯⋯⋯ 178
第三节　破解教育客体吸收内化的困境⋯⋯⋯⋯⋯⋯⋯ 184

第八章　课程思政建设重在协同育人⋯⋯⋯⋯⋯⋯⋯⋯⋯ 188

后　记⋯⋯⋯⋯⋯⋯⋯⋯⋯⋯⋯⋯⋯⋯⋯⋯⋯⋯⋯⋯⋯ 192

上篇

溯源·思考

浇花浇根，育人育心。我们讲不忘初心、牢记使命，推进教育现代化不能忘记初心，要健全全员育人、全过程育人、全方位育人的体制机制，不断培养一代又一代社会主义建设者和接班人。这是教育工作的根本任务，也是教育现代化的方向目标。

——习近平总书记 2018 年 9 月 10 日在全国教育大会上的讲话

第一章
我国高等教育育人理念的演进

第一节 培养全面发展的社会主义人才

新中国成立 70 多年来，党和国家重视人才培养，对旧教育进行根本改革，改进发展高等教育，形成了注重学生全面发展的高校教育原则。

1950 年 6 月，首次全国高等教育会议提出，"高等学校应该培养出全面发展的富有分析力和创造力的人才。"1953 年 6 月，毛泽东在接见中国新民主主义青年团第二次全国代表大会主席团时提出，"要使青年身体好，学习好，工作好"（下称"三好"），要求教育部门减轻学生负担，既要关注青年的学习、工作，也要保障青年充分的娱乐、休息。由此可见，在新中国成立初期，教育界就已将"三好"与"全面发展"联系起来，并把"三好"内容作了引申，推进了以全面发展为要求的高等学校教育的实施。但是，当时全面发展还没有被提到整个教育工作总的指导方针的位置上。

中国共产党的领导地位决定我国教育必须坚持正确的政治方向，服务于中国共产党治国理政、服务于社会主义建设事业的需要。为推动社会主义改造进程、大力开展社会主义经济建设，党提出过渡时期总路线，要求调整教育目标、教育方针、教育政策和教育内容与之契合。1953 年 9 月，我国高等教育部召开全国综合大学会议提出，要使高等教育的方针任务和国家总路线总任务密切结合起来，根据国家的总路线，使理论与实际相结合，全面发展与专业训练相结合，以培养出对各种建设事业能胜任的德才兼备的专家。高等教育部多次在全国性高等教育会议上强调，高等学校、中等专业学校要"贯彻全面发展的教育方针"。这一时期，高等教育部以贯彻过渡时期总路线为契机，把实行全面发展的教育与社会主义联系起来，通过调整与解决教育工作中具有倾向性的问题，使全面发展教育的实施进入了新阶段。与最初仅仅将全面发展作为教育原则不同，培养全面发展的社会主义人才已成为这一时期教育的首要目标，要求全方位地实施智育、德育、体育、美育以及综合技术教育。自此，培养全面发展的社会主义人才、全面提高教育质量，成为这一时期全国教育工作的中心任务和指导方针。

为贯彻过渡时期总路线精神、落实全面发展的教育方针，1954 年 8 月，教育部党组书记董纯才提出"要以社会主义的思想、马克思列宁主义的思想来教育学生，使他们建立社会主义方向和辩证唯物论世界观的基础，并培养共产主义道德"。次年 4 月，高等教育部副部长刘子载在高等工业学校、综合大学校院长座谈会上的讲话中指出，"系统的马克思列宁主义理论教育是提高青年社会主义觉悟，培养青年辩证唯物主义世界观，培养青年共产主义道德和行为的基础。"高等教育部随后也多次提出不断提高学生的社会主义觉悟、培养学生的马克思列宁主义世界观和共产主义道德品质的要求。可以看到，教育部以及高等教育部在关于政治思想教育工作的指导思想上已经开始转变，即由"进行新民主主义的政治思想教育"转变为"以社会主义思想教育学生"；由"肃清封建的、买办的、法西斯主义的思想"转变为"批判资产阶级的思想""并继续肃清封建的、买办的、法西斯主义的思想残余"；由"培养学生全心全意为人民服务的革命人生观""发展为人民服务的思想"提高到"培养学生的马克思列宁主义的世界观";由使学生"养成爱祖国、爱人民、爱科学、爱劳动、爱护公共财物的国民公德"提高到"培养学生的共产主义的道德品质"。由此，教育的社会主义方向愈发鲜明，并对"全面发展的社会主义人才"提出了更明确的德育内容及目标。

在教育方针的指引下，高等学校完成院系调整，并根据规定开设四门政治理论公共课，即"辩证唯物论和历史唯物论"、"政治经济学"、"马列主义基础"、"新民主主义论"（后改为"中国革命史"），还规定了不同专业的教学时数；并且采取高等学校代培马列主义理论课师资、举办教师学习会及暑期讲习班、加强教研室工作等措施，对专任政治理论课教师进行培训，提高他们的政治理论水平，保证政治理论课教学质量。从此，高等学校政治理论课的地位愈发凸显，课程设置、学时安排、教学方法、成绩评定以及师资培训、教学组织领导等环节得到优化，逐步形成了一个比较完整的政治理论课教学体系。

第二节　培养"四有"新人

进入改革开放和社会主义现代化建设新时期，邓小平多次强调学校管理必须坚持社会主义方向，以维护社会主义国家的长治久安。"学校应该永远把坚定正确的政治方向放在第一位"，这不仅是学校工作的灵魂，更凸显了我国教育事业的社会主义办学方向。坚持正确的政治方向就是要求学校教育必须为广大人民群众和工人阶级服务、为社会主义现代化建设服务，完成培养和造就社会主义现代化建设所需要的合格人才这一艰巨使命。为此，学校必须加强改进德育工作，强化思想政治工作的重要性。

为培养一批适应社会主义现代化建设要求的人才，提高全民族的素质，邓小平在讲话中多次提及要培养和造就一代又一代有理想、有道德、有文化、有纪律的新人。1982 年 7 月 4 日，在中央军委座谈会上，邓小平首次提出："搞社会主义精神文明，主要是使我们的各族人民都成为有理想、讲道德、有文化、守纪律的人民。"该要求被迅速写进同年 9 月召开的中共十二大报告以及在中共十二大上通过的《中国共产党章程》总纲。1985 年，邓小平再次强调必须"教育全国人民做到有理想、有道德、有文化、有纪律"。后来该表述被概括为培养"四有"新人，并被多次写进党的代表大会有关决议以及报告，成为建设有中国特色社会主义文化教育的一项重要任务和目标。

所谓"四有"，指的是社会主义新人必须具备的基本素质，是包含思想道德素质和科学文化素质这两个方面的有机整体。有理想，就是要树立崇高的理想，包括中国特色社会主义共同理想和共产主义远大理想，明确我国要建设富强、民主、文明、和谐的社会主义现代化强国的目标。有道德，即要树立和发扬以为人民服务为核心，以集体主义为原则，以"五爱"为基本要求的社会公德、职业道德和家庭美德，遵纪守法、诚信正直、尊重他人、助人为乐，为社会树立良好的榜样。有文化，就是要刻苦学习科学文化知识，丰富知识储备，提高科学文化素质，发扬尊重知识、尊重人才的精神，不断学习和提升自我，为未来的发展打下坚实基础。有纪律，就是要加强社会主义的法治意识和公民意识，自觉遵守规章制度，恪守原则规范，培养遵纪守法的良好习惯和自律精神，保持良好的秩序和纪律性。

第三节　新时代"三全育人"

经过深入探索与科学总结，我国已经逐步形成了高等教育体制下联动、开放、系统的思想政治教育体系和育人体系，提出"三全育人"的新理念。

新时代高校"三全育人"的提出过程同时也是全面的、系统的育人指导思想和原则形成并应用的过程。在高校育人实践中，"三全育人"作为一种工作机制，将全员、全过程、全方位的育人要素整合起来加以科学利用。"三全育人"覆盖范围广泛、内涵深厚，不能将其简单地限定在某个领域进行界定。"三全育人"基本内涵的剖析，不能仅仅着眼于德育视角，而应当扩展到高校育人的视域之中。也就是说，"三全育人"将高校德育、思想政治教育、素质教育等教育内容有机结合起来，既包括德智体美劳"五育"，也包括更为广泛的思想政治教育。

"三全育人"的内涵包含以"全员育人""全程育人""全方位育人"为核心的教育理念、教育原则和教育机制。强调高校在育人过程中，以人员、环境、过程等要素为依托，实现提高大学生的素养、思想境界的目标。"三全育人"还要求高校在育人过程中，遵循人本思想，将育人作为教育教学活动开展的基本出发点，借助"三全"来整合育人的资源要素，形成长效育人机制，实现育人目标。在实践的过程中，"三全育人"的内涵逐渐从单纯的育人智慧层面拓展到"思想意识"层面。"三全育人"是新时代我国高等教育在实践探索中形成的更为全面系统的全新教育理念，其内涵将会随着教育实践的深入和育人诉求的变化而不断丰富，更好地适应社会主义发展的现实需要。

新时代高校"三全育人"实践重点在于统筹各方面要素，构建系统化、联动化的大学生思想政治教育模式，通过思想政治教育提升育人的能力和效果。相关政策表明，"十四五"期间，我国再次扩大高等教育的覆盖范围，大学生群体成为推动国家发展的重要力量。为适应国家发展对高层次人才的需要，高校需要持续强化大学生的思想道德修养和理论素养，开展广泛的思想政治教育，使学生形成符合主流意识形态和价值观要求的思想认知和价值观念，真正成为党和国家事业发展的中坚力量，成为中华民族伟大复兴的关键动力源。"三全育人"是新时代高校育人的理念基础，承担着从全局视角出发指导新时代高校思想政治教育工作开展的功能，并指导高校通过构建涵盖大学生全部学生生涯以及职业生涯的全过程教育，帮助学生塑造契合社会主义核心价值观的道德、人格、意识形态，更好地完成由"学生"向"社会人"的过渡。

当然，对于新时代高校"三全育人"基本内涵的把握除了从政策文件等相关背景信息入手以外，还可以从"三全育人"

的基本内容（即"全员育人""全程育人""全方位育人"三个角度）切入。

第一，"全员育人"是对新时代高校育人的主体（即由谁负责培育大学生）的限定。新时代高校育人的主体有广义和狭义之分。其中，广义的全员指的是由学校、家庭、社会、学生在内的四类主体形成的育人共同体。狭义的全员指的是学校内部的教育主体，包括教职工、学校管理者以及学生自身。

第二，"全程育人"是对高校育人的时间维度的限定。"全程育人"要求高校克服原有思想政治教育环节过于集中在课堂学习的局限性，使思想政治教育贯穿到学生的整个学习过程之中，即在从入学到毕业、从课堂到课外、从学期到假期的各环节中，高校都应持续稳定有序地对学生进行思想政治教育。"全程育人"要求高校以全程为标准，整合各类资源，对学生进行细化、精致的思想政治教育，将日常学习、假期实践、课堂学习、课外活动等诸多时间段有序地利用起来，将思想政治教育融入、渗透到大学生的日常学习生活始末。"全程育人"关注高校育人的持续性、长期性，要求将系统和过程与思想政治教育工作相结合、相融合，在高校内部形成一个完整的思想政治教育体系，形成教育资源在时间上的集中和协调，有效保证高校育人目标的实现。

第三，"全方位育人"是对思想政治教育空间的限定。如今，大学生生活成长的环境愈发开放，尤其是虚拟空间的拓展，极大地丰富了学生的认知方式和思维模式。"全方位育人"是高校十分必要的育人视角和机制，要求高校强化系统观念，整合各种空间、环境资源，引导学生从周边的人、事、信息中培养价值判断与价值选择的能力，坚持正确的政治导向，坚定社会主义核心价值观，不断提高思想政治素养。

【拓展与借鉴】

构建"十大"育人体系

充分发挥课程、科研、实践、文化、网络、心理、管理、服务、资助、组织等方面工作的育人功能，挖掘育人要素，完善育人机制，优化评价激励，强化实施保障，切实构建"十大"育人体系。

1.课程育人质量提升体系。大力推动以"课程思政"为目标的课堂教学改革，优化课程设置，修订专业教材，完善教学设计，加强教学管理，梳理各门专业课程所蕴含的思想政治教育元素和所承载的思想政治教育功能，融入课堂教学各环节，实现思想政治教育与知识体系教育的有机统一。

2.科研育人质量提升体系。发挥科研育人功能，优化科研环节和程序，完善科研评价标准，改进学术评价方法，促进成果转化应用，引导师生树立正确的政治方向、价值取向、学术导向，培养师生至诚报国的理想追求、敢为人先的科学精神、开拓创新的进取意识和严谨求实的科研作风。

3.实践育人质量提升体系。坚持理论教育与实践养成相结合，整合各类实践资源，强化项目管理，丰富实践内容，创新实践形式，拓展实践平台，完善支持机制，教育引导师生在亲身参与中增强实践能力、树立家国情怀。

4.文化育人质量提升体系。注重以文化人以文育人，深入开展中华优秀传统文化、革命文化、社会主义先进文化教育，推动中国特色社会主义文化繁荣兴盛，牢牢掌握高校意识形态工作领导权，践行和弘扬社会主义核心价值观，优化校风学风，繁荣校园文化，培育大学精神，建设优美环境，滋养师生心灵、涵育师生品行、引领社会风尚。

5. 网络育人质量提升体系。大力推进网络教育，加强校园网络文化建设与管理，拓展网络平台，丰富网络内容，建强网络队伍，净化网络空间，优化成果评价，推动思想政治工作传统优势同信息技术高度融合，引导师生强化网络意识，树立网络思维，提升网络文明素养，创作网络文化产品，传播主旋律、弘扬正能量，守护好网络精神家园。

6. 心理育人质量提升体系。坚持育心与育德相结合，加强人文关怀和心理疏导，深入构建教育教学、实践活动、咨询服务、预防干预、平台保障"五位一体"的心理健康教育工作格局，着力培育师生理性平和、积极向上的健康心态，促进师生心理健康素质与思想道德素质、科学文化素质协调发展。

7. 管理育人质量提升体系。把规范管理的严格要求和春风化雨、润物无声的教育方式结合起来，加强教育立法，遵守大学章程，完善校规校纪，健全自律公约，加强法治教育，全面推进依法治教，促进教育治理能力和治理体系现代化，强化科学管理对道德涵育的保障功能，大力营造治理有方、管理到位、风清气正的育人环境。

8. 服务育人质量提升体系。把解决实际问题与解决思想问题结合起来，围绕师生、观照师生、服务师生，把握师生成长发展需要，提供靶向服务，增强供给能力，积极帮助解决师生工作学习中的合理诉求，在关心人、帮助人、服务人中教育人、引导人。

9.资助育人质量提升体系。把"扶困"与"扶智"、"扶困"与"扶志"结合起来，建立国家资助、学校奖助、社会捐助、学生自助"四位一体"的发展型资助体系，构建物质帮助、道德浸润、能力拓展、精神激励有效融合的资助育人长效机制，实现无偿资助与有偿资助、显性资助与隐性资助的有机融合，形成"解困—育人—成才—回馈"的良性循环，着力培养受助学生自立自强、诚实守信、知恩感恩、勇于担当的良好品质。

10.组织育人质量提升体系。把组织建设与教育引领结合起来，强化高校各类组织的育人职责，增强工作活力、促进工作创新、扩大工作覆盖、提高辐射能力，发挥高校党委领导核心作用、院（系）党组织政治核心作用和基层党支部战斗堡垒作用，发挥工会、共青团、学生会、学生社团等组织的联系服务、团结凝聚师生的桥梁纽带作用，把思想政治教育贯穿各项工作和活动，促进师生全面发展。

（来源：《高校思想政治工作质量提升工程实施纲要》）

【拓展与借鉴】

把握课程思政立德树人的价值意蕴

习近平总书记4月19日在清华大学考察并发表重要讲话，强调："要想国家之所想、急国家之所急、应国家之所需，抓住全面提高人才培养能力这个重点，坚持把立德树人作为根本任务，着力培养担当民族复兴大任的时代新人。"全面提升高等教育人才培养质量、落实立德树人根本任务，课程思政是重要途径。面向立德树人，我们应在价值维度上把握好课程思政的三重意蕴，即以坚持社会主义办学方向为价值定位，以培养社会主义建设者和接班人为价值目标，以合目的性与合规律性相统一为价值属性。

在价值定位上，课程思政要始终坚持社会主义办学方向。坚持社会主义办学方向是新时代坚持和发展中国特色社会主义教育的根本原则。高等教育的发展方向必须与中国特色社会主义建设的现实目标和未来走向保持一致，扎根中国大地办大学，体现社会主义大学的办学特色，坚持社会主义大学的育人导向。一方面，在理念上深刻认识到我们的高校是中国共产党领导下的高校，要将马克思主义作为各级各类课程最根本的立场和最鲜亮的底色，在课程体系中以马克思主义理论为思想根基，在课程教学上牢牢把握政治性原则；另一方面，在方法上以中国特色方法为课程思政建设的实践指南，建设具有中国特色的课程体系和教材体系，充分挖掘各门课程中的思政元素和价值内涵，以思政课程为核心促进各类课程协同育人，使思想政治教育实现"有形灌输"与"润物无声"相统一。

在价值目标上，课程思政要始终立足培养社会主义建设者和接班人的战略高度。实现中华民族伟大复兴、坚持和发展中国特色社会主义，关键在党，关键在人。高校的建设与发展必须深入思考和明确回答培养什么人、怎样培养人以及为谁培养人的根本问题。推进课程思政建设也必须紧紧围绕这一问题，以此明确课程思政的目标追求和功能定位。习近平总书记指出，古今中外，每个国家都是按照自己的政治要求来培养人的，世界一流大学都是在服务自己国家发展中成长起来的。我国社会主义教育就是要培养社会主义建设者和接班人。为此，一方面，课程思政要紧扣德智体美劳全面发展这一关键，教学体系、教材体系要围绕这个目标来设计，教师要围绕这个目标来教，学生要围绕这个目标来学；另一方面，课程思政要充分掌握"六个下功夫"的重要方法论。在坚定理想信念上下功夫，培养矢志不渝、勇担使命的信仰者；在厚植爱国主义情怀上下功夫，培养忠于国家、融入人民的爱国者；在加强品德修养上下功夫，培养品行高洁、道德高尚的德馨者；在增长知识见识上下功夫，培养博古通今、见多识广的博学者；在培养奋斗精神上下功夫，培养脚踏实地、努力拼搏的实干者；在增强综合素质上下功夫，培养博学多才、全面发展的才能者。

在价值属性上，课程思政要始终坚持合目的性与合规律性相统一。课程思政的合目的性首先表现为符合立德树人的教育任务要求。立德树人是高校立身之本，是思政工作开展的重要遵循，课程思政就是要培养学生"明大德，守公德，严私德"，成为能够担当民族复兴大任的时代新人。其次表现为符合"全员育人、全过程育人、全方位育人"的教育战略要求。"三全育人"是党和国家对高校思想政治工作的根本性指导原则，课程思政作为高校开展思想政治工作的创新理念和实践探索，要努力搭建全员参与、全程贯穿、全方位协同的一体化育人机制，实现"三全育人"的战略目标。最后，课程思政的合目的性还表现为符合社会主义核心价值观培育的教育内容要求。价值引领是高校思想政治工作的核心与关键，开展课程思政就是要将社会主义核心价值观的相关内容融入每一门课程，不断强化价值观教育的渗透性。遵循学生成长规律，遵循教书育人规律，不断因事而化、因时而进、因势而新。

（来源：2021 年 4 月 21 日《光明日报》；作者：李潇君）

参考文献

[1] 中共中央文献研究室 . 建国以来重要文献选编：第四册 [M]. 北京：中央文献出版社，1993.

[2] 全国综合大学会议闭幕 确定了综合大学的方针任务和培养目标 [N]. 人民日报，1953‑09‑26(1).

[3] 为培养社会主义全面发展的成员而努力 [N]. 人民日报，1954‑08‑08(3).

[4] 教育部社会科学司 . 普通高校思想政治理论课文献选编 :1949‑2008[M]. 北京：中国人民大学出版社，2008.

[5] 邓小平 . 邓小平文选：第 2 卷 [M]. 北京：人民出版社，2009.

[6] 邓小平 . 邓小平论党的建设 [M]. 北京：人民出版社，1990.

做好高校思想政治工作，要因事而化、因时而进、因势而新。要遵循思想政治工作规律，遵循教书育人规律，遵循学生成长规律，不断提高工作能力和水平。要用好课堂教学这个主渠道，思想政治理论课要坚持在改进中加强，提升思想政治教育亲和力和针对性，满足学生成长发展需求和期待，其他各门课都要守好一段渠、种好责任田，使各类课程与思想政治理论课同向同行，形成协同效应。

——习近平总书记 2016 年 12 月 7 日在全国高校思想政治工作会议上的讲话

第二章
课程思政的内涵
与本质属性

第一节　课程思政的基本内涵

一、课程思政的定义

在西方语境中，"课程"源自拉丁语"currere"，该词本意为"跑道"，进而引申为"学习的过程"的意思。而在中国语境中，最早提及"课程"一词的是唐朝孔颖达的"以教护课程，必君子监之，乃得依法制也"，但这里的"课程"并不等同于我们现在所指的授课过程。朱熹在《朱子全书·论学》中提出的"宽着期限，紧着课程""小立课程，大作工夫"则是中国最早提出的具备现代"课程"含义的语句。从辞源上来看，课程的起源在中西方基本相同，都是指代学程，也就是学习的内容和进程。随着课程理论的发展，课程的内涵也越来越丰富，从目前对课程含义的几种经典界定来看，周琦华侧重学习的经验，曾永海侧重教学目标，赵宏勋侧重有目的的实施，邱开金侧重教学科目。如果只关注某一方面而忽视其他方面，我们就无法理解现代课程的本质。所以，我们在理解课程的含义时，不但要囊括学习目标（教学内容）、学习计划（课程体系）、学习科目（教学科目），还必须包括学习经验（实践课程计划）等内容，这样才可以抓住课程的本质。

"思政"即思想政治教育，是指"社会或社会群体对社会成员通过传播一定框架内的政治观点、思想观念、道德规范来开展具有目的性、有计划性、有组织性的影响作用，并带动引导其自主地接受这种影响，形成适应一定社会阶层所需要的思想道德的社会实践活动"。思想政治教育主要包含心理教育、道德教育、政治教育、思想教育等几个方面。从马克思主义立场发展而来的思想政治教育具有坚实的理论支撑。从本质看，历史上普遍具有资产阶级剥削阶级性质的思想政治教育与马克思主义思想政治教育具有根本性区别。马克思主义思想政治教育服务于社会主义以及共产主义社会建设，在马克思主义中国化背景下的思想政治教育的含义为，"为党和中华民族伟大奋斗目标的实现，展开对社会主义和共产主义思想体系的宣传普及，教育引导人们保持政治态度的端正，面对各类思想问题要合力解决，对人们的思想、道德、心理素质进行全面整体的提升，将人格完善和积极性方面的调动定位为根本任务，将政治思想教育放在核心首要位置对人们展开在思想层面、道德层面和心理层面的综合教育实践活动。"其中，政治思想教育是思想政治教育的重点和核心，以思想教育为主干，以道德教育为重要内容。

思政课程即思想政治理论课，是为开展具有针对性的思想政治教育而设立的专门教育课程。2004 年 8 月，中共中央、国务院发布《关于进一步加强和改进大学生思想政治教育的意见》（中发〔2004〕16 号，简称"16 号文件"）指出，为"适应新形势的发展和完成新任务的要求，重点提升大学生的思想政治素质，带领引导其全面发展"，要以这一纲领性文件为指导，推进作为高校思想政治教育主渠道的思政课教育教学改革。2005 年 2 月，《中共中央宣传部、教育部关于进一步加强和改进高等学校思想政治理论课的意见》出台；次月，《〈中共中央宣传部、教育部关于进一步加强和改进高等学校思想政治理论课的意见〉实施方案》（下称"05方案"）出台。上述三个文件是新一轮高校思政课教育教学改革进入加速期的重要标志。"05方案"规定，本科高校应开设"思想道德修养与法律基础""中国近现代史纲要""毛泽东思想和中国特色社会主义理论体系概论""马克思主义基本原理"四门必修思政课；与此同时，还应开设"当代世界经济与政治"和"形势与政策"两门选修课。高校思想政治理论课程承担着对大学生进行马克思主义理论系统教学的任务，是高校开展思想政治教育的主要渠道，有利于坚持不懈用习近平新时代中国特色社会主义思想铸魂育人，"引导学生树立坚定的理想信念，永远听党话、跟党走，矢志奉献国家和人民"。

课程思政是一种创新式的教育理念。高校思想政治工作要始终保持因时而进、因事而化、因势而新。2016年12月，习近平总书记在全国高校思想政治工作会议上强调，"要坚持把立德树人作为中心环节，把思想政治工作贯穿教育教学全过程，实现全程育人、全方位育人，努力开创我国高等教育事业发展新局面。""要用好课堂教学这个主渠道，思想政治理论课要坚持在改进中加强，提升思想政治教育亲和力和针对性，满足学生成长发展需求和期待，其他各门课都要守好一段渠、种好责任田，使各类课程与思想政治理论课同向同行，形成协同效应。"面对习近平总书记和党中央对思想政治教育工作给出的重要指示，全国各高校总结并领悟思想政治理论课对于学生成长过程的重要性，开启了对思想政治教育工作的改革。大批学者对课程思政展开深入的研究与讨论，一致认为，应将课程思政作为思政课程的有益补充，成为思想政治教育不可缺少的环节之一。思政课程是培养青年树立坚定理想信念和社会主义接班人的主战场，在培养实现中华民族伟大复兴重任的担当者中发挥着无可替代的重要作用，主要通过思政课教师的课堂讲授来完成。但在现实情况中，思政课程时常出现"单打独斗"的情况，形成"孤岛"效应，无法与其他学科形成合力、整合起各门课程的育人资源，严重影响了思政课程育人效果有效发挥。随着课程思政的提出与推广，思想政治教育有效性的现实问题在一定程度上得到了解决，针对思政课程以外的各类课程，要打破课程思政是思政元素简单嵌入各门课程的误区，实现思政元素与课程内容的有机融合，坚持以专业课程为载体，努力实现知识传授与价值引领的有机结合。

综合有关研究文献，课程思政的要义可以概括总结为如下内容：在坚持思想政治理论课为核心的基础上，融合各高校的自身办学特色，通过对教育内容和模式进行改革创新，拓展思想政治教育渠道；将思想政治教育渗透进其他各类课程中去，挖掘各门课程的思想政治教育资源，力促显性教育与隐性教育的完美结合；调动各教育主体创造综合协同效应，将教师与教材、理论与实践、教学内容与教学目标高度融合，将价值引领寓于知识传授和能力培养当中，最终实现全员、全过程、全方位育人，完成对学生的价值引领、知识传授、人格养成以及能力建设的"四位一体"人才培育目标。课程思政是具有科学性和时代性的先进教育理念，是结合专业特点、利用专业方式潜移默化地对价值观进行引导，坚持立德树人的宗旨，从而达到教育最高目标的科学教育方式。

【拓展与借鉴】

东北大学实施"思业融合燎原计划"构建课程思政建设新模式

东北大学深入学习贯彻习近平总书记关于教育的重要论述，落实立德树人根本任务，实施"思业融合燎原计划"，建设十个示范专业、打造百门校级示范课程、覆盖数千教师、惠及数万学生，形成"一体化推进、两中心并重、三路径结合、四维度建构"的课程思政建设模式。

坚持一体化推进，实施"思业融合燎原计划"。以入选全国首批"三全育人"综合改革试点建设高校为契机，将课程思政建设作为"突破口"，组织专门力量开展专题调研。保障课程思政建设的系统性，制定《关于实施"思业融合燎原计划"加强和改进课程思政工作的意见》，明确整体性推进、个性化实施、渐进性开展、动态性调整的原则，重点加强示范课程建设、示范专业建设、教材资源建设、师资队伍建设、考评体系建设等工作。保障课程思政建设的实效性，成立由校党委书记任组长的工作领导小组，将课程思政建设作为"高校书记校长履职亮点项目"，设立专门办公室统筹协调整体工作，组织召开领导小组工作会、分党委书记工作会、阶段性工作推进会、调研座谈会等，及时研究分析建设进展情况，扎实有序推进工作部署落实。保障课程思政建设的科学性，成立"课程思政教学研究中心"，联合北京师范大学、吉林大学、厦门大学、光明日报社等校内外相关领域 20 名专家学者组建专家委员会，指导推进课程思政的理论和实践研究，提升课程思政建设质效，推动课程思政建设向纵深发展。

坚持两中心并重，构建双向督导评价机制。牢牢抓住施教者能力水平这一关键，在全校20余个二级学院分别开展研讨会，指导授课教师深入了解课程思政的实质内涵和概念边界，打破课程思政是"思政课程同义转换"、是"思政元素简单嵌入"、是"对课程知识传授和能力培养功能消解"等误区，保证课程思政实现隐性教育目标，防止出现泛化、机械化、标签化的情况。将课程思政纳入教师岗前培训、在岗培训和师德师风、教学能力专题培训，在全校组织开展课程思政专题培训会和教学经验分享会，现场观摩"电力系统分析""大数据思维与分析技术"等典型示范课程。鼓励院士、学科带头人等高层次人才带头实施课程思政。在部分学院组织专项督查，通过说课、专家听课等形式，动态监测课程思政建设质量。牢牢抓住受教者成长发展这一重点，在学生群体中开展第三方评价，形成《课程思政教学质量评价调查报告》，为优化课程思政建设提供经验参考。针对当代大学生"互联网"原住民的特点和疫情防控期间线上教学情况，推进课程思政"云端"建设，将抗疫精神和鲜活案例融入专业教学，为课程思政建设的全面深入探索规律、拓展渠道。

坚持三路径结合，完善立体实施保障体系。坚持示范引领和全面推广相结合，分批次、分阶段开展课程思政建设工作。结合工作实际和办学特点，2019年选树首批42门校级示范课程，2020年选树58门校级示范课程和10个校级示范专业进行重点建设，使课程思政要求深入教案修订、教材编审，体现在教学大纲和人才培养方案中。坚持统一规范和创新激励相结合，研究制定《课程思政建设指导纲要》，构建学校课程思政建设标准，指导各学院根据自身学科特点制定专门的课程思政建设工作方案。将教师开展课程思政建设情况纳入绩效考核、评优奖励等考核评价体系，为课程思政建设提供有力经费支持，截至目前校院两级共投入经费 1300 余万元。坚持实践探索和理论研究相结合，立足学校课程思政建设实践，整理形成《东北大学课程思政教学研究论文集》等参考资料，凝练形成若干理论研究成果，在国内主流期刊和报纸发表相关学术论文和理论文章。

坚持四维度建构，打造"十百千万"工作格局。在课程维度，指导 20 余个学院开展课程思政建设，共建设校级示范课程 100 门、校级培育课程 60 门、院级示范课程 200 余门，涵盖通识类、学科基础类、专业方向类、实践类所有课程类型。在专业维度，建设校级示范专业 10 个、校级培育专业 5 个，覆盖文学、哲学、经济学、管理学、法学、教育学、理学、工学、艺术学等学科，实现了课程体系、专业体系、学科体系的全链条贯穿。在教师维度，参与课程思政建设教师超过 1000 人，涵盖老中青各年龄段，授课学时超过 15000 学时，发掘融入了政治素养、人文修养、道德规范、科学精神、传统文化、法治意识等多种思政元素。在学生维度，课程思政覆盖本科生、研究生超过 5 万人次，有力促进了知识传授、能力培养和价值引领的有机统一。

（来源：教育部简报〔2020〕第 32 期，有改动）

二、课程思政的本质属性

人民立场是中国共产党的根本政治立场。"思想政治教育是做人的工作，解决的是'培养什么样的人''如何培养人'的问题，是我们党和国家的优良传统和各项工作的生命线。"也就是说，思想政治教育是确保党的政治立场不动摇、源源不断为党培养可靠人才的必要环节。"育人"先"育德"、注重传道授业解惑、育人与育才有机统一，一直是我国教育的优良传统。课程思政作为思想政治教育课程的补充，将专业知识讲授与政治立场强化有机结合，从本质上看是思想政治教育的一种创新理念与方式，仍然以实现立德树人作为根本目的。课程思政始终坚持以德立身、以德立学、以德施教，重视中华优秀传统文化的创造性转化与创新性发展，积极引导高校学生树立正确的世界观、人生观、价值观，为社会培养更多德智体美劳全面发展的人才，为中国特色社会主义事业培养合格的建设者和可靠的接班人。

（一）高等教育价值观的理性回归

大学的办学理念以高等教育价值观作为引导与支撑。价值是对客体（事物和现象）与主体（人）之间的关系的反映。所谓教育价值观，指的是人们对教育与人之间的价值关系的认识，而教育行为正是基于这种认识而确定的行为的价值取向。高等教育价值观指的是高等教育的价值在观念上的体现。大学办学理念以及高等教育理念均基于高等教育价值观形成，从高等教育发展史可以看出，基于人们对高等教育价值认识的聚焦点和侧重点存在的差异，可以将高等教育价值观划分成社会本位为主的高等教育价值观、知识本位为主的高等教育价值观以及个人本位为主的高等教育价值观。

迄今为止，这三种高等教育价值观共同指导和引领了世界各地大学的指导思想和办学理念，只是不同类型的大学根据各自的定位不同，有着不同的侧重点。顶级名校和重点大学往往注重培养精英人才，重点发展科学研究（特别是基础和前沿理论研究）；普通高校则注重经济社会发展，注重培养应用型人才，发展应用研究；职业技术院校则注重培养经济社会发展所需的具有职业技能的人力资源。三种高等教育价值观综合叠加所带来的影响直接体现在高等学校的社会服务、科学研究、人才培养、文化传承创新、国际交流与合作等基本职能上。

改革开放以来，特别是在过去的二三十年，一定程度上来说，我国部分大学对高等教育价值观的定位变得模糊，在科学研究和人才培养上体现出一定的功利主义倾向和工具主义色彩，不仅对人本位的高等教育价值观的体现有所缺失，同时也并未完全遵循社会本位的高等教育价值观以及知识本位的高等教育价值观。

（二）大学本质职能的回归

高等学校主要担负着人才培养、科学研究、社会服务、文化传承创新、国际交流与合作等五大主要职能。其中，大学最基本的职能便是人才培养。然而，近年来，在工具主义价值观的推动下，我国部分大学的本质职能并没能完全体现，尤其是没能充分凸显人才培养的核心地位。

在过去的几十年，从整体的角度看，虽然各个大学都在口头上将人才培养置于核心地位，但在一系列功利化评价标准的影响下，许多高校首先将精力和资源投入科学研究领域，其次则是社会服务和国际交流方面，从而不得不在人才培养方面压缩精力和资源。更为重要的是，许多高校的绩效奖励制度、职称评审制度以及人才工程制度的评价和审查都偏重于科研指标，而忽视了人才培养的核心地位。

从教师个体角度来看，由于学校的人才工程制度、绩效奖励制度和职称评审制度等都突出了科研指标，大多数教师为获得更多的个人发展机会而将主要精力放在横向项目获取、科研课题申报、科研论文发表等工作。因此，"重政府奖励，轻学生口碑"的现象逐渐成为行业"常态"，立德树人的理念则逐渐淡化，潜心从事教育教学研究的教师日益减少。因此，为回归大学的本质职能，教育部强调大学要坚持"以本为本"，推动"四个回归"，深化思政课程和课程思政建设，全面提升人才培养能力，培养适应时代要求的新一代人才。

（三）大学教师天职的回归

"师者，所以传道受业解惑也。"自古以来，教师都承载了教育培养社会人才的重任。但是，高等教育的市场化改革在推动各类人才的充分培养的同时，也助推了工具主义价值观的传播。为了顺应学生和家长的短期功利性学习需求，许多教师（尤其是学科专业教师）只注重授业而不注重解惑、更少关注传道的现象屡见不鲜。

有研究者以会计学专业为例，剖析了教师授课中存在的问题：在过去几十年中，这些专业性教师过于强调对学生讲授专业理论和专业知识、训练专业技能。大部分教师在讲授专业主干课程，尤其是财务会计类课程时，主要关注的是基于国内最新的《企业会计准则》或《国际财务报告准则》的操作方法，但对于背后的理论依据和不同观点的争议则缺乏深入的探讨。为什么我国《企业会计准则》和《国际财务报告准则》要有这样或者那样的选择？背后的原因和理论依据是什么？这些问题并没有得到充分的解释。尤其是中国特色社会主义进入新时代以来，许多会计学专业教师未能站在新的历史背景下，将习近平新时代中国特色社会主义思想（特别是习近平经济思想）与世界经济和我国经济社会发展、国际资本市场和我国资本市场发展的实际情况相结合。他们鲜少能够深入地讲解会计学专业主干课程背后所蕴含的契合社会主义建设的世界观、人生观和价值观。

正如我国儒家学说经典《大学》开篇所言："大学之道，在明明德，在亲民，在止于至善。"在如今的大学教育中，我们不能仅仅停留在学科专业知识和技能的传授上。知识传授、能力培养和价值观塑造应该有机地结合起来。在课程思政的内容设置上，我们应该重点关注政治认同、家国情怀、文化素养、宪法法治意识和道德修养等方面的优化，以帮助学生树立正确的世界观、人生观和价值观。例如，有研究者指出，对于经管法等专业，我们可以站在治国理政的高度，立足于新时代两个大局，在课堂中将专业知识与习近平新时代中国特色社会主义思想（特别是习近平经济思想）有机融合。面对全球大势和我国国情，鼓励师生将理论学习与中国特色社会主义实践结合、与中华优秀传统文化结合，清晰地阐述中国智慧、中国方案和中国力量。同时，必须强调培养正确的世界观、人生观和价值观，这是大学人才培养的核心意义。

【拓展与借鉴】

福建省坚持"四个抓好、四主合一"全面推进高校课程思政建设

福建省坚持以习近平新时代中国特色社会主义思想为指导，深入学习贯彻习近平总书记在学校思想政治理论课教师座谈会上的重要讲话精神，围绕立德树人根本任务，系统谋划、统筹推进，构建主心骨、主力军、主战场、主渠道"四主合一"的课程思政育人机制，努力实现课程思政与思政课程同向同行、同频共振。

抓好顶层设计，坚定"主心骨"。加强对课程思政建设的组织领导和整体设计，10位省委领导定期深入联系高校调研课程思政工作，推动高校建立党委统一领导、党政齐抓共管的课程思政建设工作机制。系统部署课程思政工作，出台《关于深化新时代学校思想政治理论课改革创新行动方案》《全面振兴本科教育实施意见》，实施高校课程思政体系和教育教学创新计划，将课程思政建设成效纳入学校办学绩效考评内容，推动高校形成"一校一特色"的课程思政工作模式。莆田学院构建一个课程思政质量月、一组课程思政培训、一批课程思政项目、一百场课程思政教研活动、一套课程思政教学质量评价指标体系"五个一"模式。福建师范大学成立课程思政教学研究中心，协同推进课程思政教育教学改革工作。

抓好教师队伍，建强"主力军"。强化教师培训，把课程思政意识、德育意识和能力的培养纳入新教师岗前培训、助教培养和教师能力提升培训体系，不断推动课程思政建设理念深

入人心。每年组织开展省级一流本科课程建设（课程思政专题）骨干教师专题培训，推动高校开展教师培训、集体教研、讲座沙龙等活动，努力调动教师参与积极性。福建农林大学首创"课程思政教学工坊"，累计开展教学工坊 12 场，组织各类活动 35 场，培训教师千余人次，涌现出一批课程思政榜样教师。突出示范带动，组织高层次人才和教学名师等带头开展课程思政建设，以学懂弄通做实习近平新时代中国特色社会主义思想为主线，以《中国正在说》节目为载体，设立坚定理想信念、"一带一路"建设和文化传承等专题，通过电视授课、网络直播、巡回授课等方式，深入全省高校开展示范巡讲近 200 场，累计参与师生 4 万余人。选树一批课程思政优秀教师和教学团队，努力培养塑造学生品格、品行、品位的"大先生"。

抓好课程建设，聚力"主战场"。完善课程思政教学体系，深入研讨课程思政教学的内容和方式，及时总结成效和经验，将思政内容贯穿于通识课程和专业课程的教学大纲、教学目标、授课计划、培养方案、教案设计。福州大学把"品德修养"统一作为所有专业毕业要求的首要指标项，构建课程思政支撑矩阵，绘制"品德养成树"，以思政课程为"主流漫灌"，以通识课程思政为"支流润灌"，以专业课程和实践课程思政为"细流滴灌"，从体系架构、分类实施上全面推动课程思政建设。打造课程思政精品课，把课程思政作为遴选一流本科课程的首要条件，推动 648 门省级一流本科课程深挖课程中的思政教育元素，凝练课程育人特色，发挥专业课程与思政课程协同育人作用。深化课程思政理论和实践项目研究，遴选建设 130 项"课程思政"教育教学精品项目和 60 项"思政课程"

教育教学改革精品项目，确定 13 项省级本科高校教育教学改革研究项目。

抓好课堂教学，夯实"主渠道"。培育课程思政示范课堂，实施"讲好中国故事，上好思政课程"创优攻坚集体行动，把《摆脱贫困》和《习近平在宁德》《习近平在厦门》《习近平在福州》采访实录等有机融入教学中，打造"课程思政"百个好教案、百个好故事、百个示范课堂。抓实最大最有温度的思政大课，全省 79 所高校 3 万余个项目、10.7 万人次参加中国"互联网＋"大学生创新创业大赛"青年红色筑梦之旅活动"，开展"双百三级三创联动"活动，即百校与百个乡镇街道、千个院系与千个村庄、万个创业团队与万户农村居民融合共创，推动创新创业教育与思想政治教育、立德树人任务相融合，促进产业结合、扶贫对接和课程实践。在全国率先组织创新创业大赛获奖项目直播活动，线上直播"万人课堂"32 期。发挥第二课堂育人作用，深入开展多种形式的社会实践、志愿服务和实习实训活动。广泛动员全省高校大学生开展疫情防控志愿服务，累计招募青年志愿者 2.6 万人，开展志愿服务 4.3 万人次，返乡大学生志愿者 1.1 万人参与社区（村）防控 3.1 万人次。组织教师上好战"疫"大课，超过 60% 的援鄂教师将疫情防控相关的职业精神、社会责任、爱国主义教育和关爱生命教育等内容融入在线教学，为学生上了一堂"爱的大课"和"责任大课"。

（来源：教育部简报〔2020〕第 28 期）

三、课程思政的主要特征

（一）课程思政在目标确立上，注重预设性与生成性的统一

预设性是指根据思政教育的要求和课程特点，预先设定思政教育目标。这一目标的设定不仅为课程内容的选择提供了依据，也为教学和评价提供了指导方向。生成性则强调，由于实际教学环境、教师、对象和条件等因素都是动态变化的，任何课程的思政教育目标都不可能在开发时就全面、具体地确定下来。每位教师需要根据教学过程的具体情况，灵活、艺术地将思政教育目标融入教学过程。这体现了事物的运动变化特性和教育情境的多样性。课程思政的预设性与生成性的统一要求教师在课程开发和实施的全过程中，既要重视思政目标的设定，确保其得到落实，同时也要避免思政目标变得僵化和固定。在课程教学过程中，教师应重视新的思政目标的生成与实现。这对教师的思政教育素养提出了更高的要求和挑战。

（二）课程思政在存在形式上，注重独立性与依赖性的统一

在课程思政的目标设立上，每门课程都可以明确自身的思政教育目标。然而，从思政教育内容来看，它并不具备独立性，而是依赖每门课程自身的教学内容和过程。这意味着以课程思政为依托的思想教育具有一定的依赖性。课程思政的独立性和依赖性是相互统一、贯穿于每门课程的开发与实施过程中的。我们可以将其比喻为盐与水的关系。课程思政目标就像盐，而各门课程的教学内容则像水。将盐融入水的过程，就是

开展课程思政的过程。在这个过程中，我们看不到盐的独立存在，但可以品尝到水中蕴含的思政"盐味"。

（三）课程思政在内容选择上，注重时代性与历史性的统一

思政教育的时代性相对容易理解，因为思政教育的主要内容与社会总体发展的历史进程相呼应，它无法脱离社会而独立存在。目前，课程思政的主要内容是宣传马克思主义基本原理和马克思主义中国化的最新成果，以及党的路线、方针、政策。这些内容旨在引导学生树立正确的世界观、人生观和价值观，这是课程思政时代性最鲜明的体现。这一特点要求我们妥善处理理论和现实的关系，既要提高马克思主义理论水平，更要加强运用这些理论研究解决现实问题。通过与时俱进的方式，提升开展课程思政教育的能力。历史性是指思政教育内容涵盖了经过实践检验的优秀人类价值观成果，这些成果源于中华优秀传统文化的滋养、中国共产党革命价值观的弘扬与践行，以及对人类优秀文明成果的吸收与借鉴。在"两个结合"思想的指导下，高校思政教育关注社会主义意识形态与中华优秀传统文化的契合性，以兼具两者特性、凝结全体人民共同价值追求的社会主义核心价值观彰显以爱国主义和改革创新为核心的时代精神。因此，在课程教学中，教师应主动将社会主义核心价值观融入教学的全过程，转化为学生的情感认同和行为习惯，实现课程思政的时代性与历史性的统一。

【拓展与借鉴】

科学设计课程思政教学体系

高校要有针对性地修订人才培养方案，切实落实高等职业学校专业教学标准、本科专业类教学质量国家标准和一级学科、专业学位类别（领域）博士硕士学位基本要求，构建科学合理的课程思政教学体系。要坚持学生中心、产出导向、持续改进，不断提升学生的课程学习体验、学习效果，坚决防止"贴标签""两张皮"。

公共基础课程。要重点建设一批提高大学生思想道德修养、人文素质、科学精神、宪法法治意识、国家安全意识和认知能力的课程，注重在潜移默化中坚定学生理想信念、厚植爱国主义情怀、加强品德修养、增长知识见识、培养奋斗精神，提升学生综合素质。打造一批有特色的体育、美育类课程，帮助学生在体育锻炼中享受乐趣、增强体质、健全人格、锤炼意志，在美育教学中提升审美素养、陶冶情操、温润心灵、激发创造创新活力。

专业教育课程。要根据不同学科专业的特色和优势，深入研究不同专业的育人目标，深度挖掘提炼专业知识体系中所蕴含的思想价值和精神内涵，科学合理拓展专业课程的广度、深度和温度，从课程所涉专业、行业、国家、国际、文化、历史等角度，增加课程的知识性、人文性，提升引领性、时代性和开放性。

实践类课程。专业实验实践课程，要注重学思结合、知行统一，增强学生勇于探索的创新精神、善于解决问题的实践能力。创新创业教育课程，要注重让学生"敢闯会创"，在亲身参与中增强创新精神、创造意识和创业能力。社会实践类课程，要注重教育和引导学生弘扬劳动精神，将"读万卷书"与"行万里路"相结合，扎根中国大地了解国情民情，在实践中增长智慧才干，在艰苦奋斗中锤炼意志品质。

（来源：《高等学校课程思政建设指导纲要》）

第二节　课程思政的实践模式与主体责任

一、课程思政的实践模式

从实践中看，课程思政的实践模式有课程简单叠加思政、课程深度融合思政两种模式。很明显，前一种模式具有非常大的缺陷，只有将思政与课程充分融合才能真正做到春风化雨，育知和育德有机统一。

（一）课程简单叠加思政

一般而言，高校课程可以分为公共基础课程、专业教育课程、实践类课程三大类。各类课程围绕落实立德树人根本任务承担各自相对应的教育功能和职责。由于思想政治工作的重要性日益凸显，课程思政成为全课程育人的重要实践。这要求所有非思想政治类课程都必须对课程思政元素进行深入挖掘，并贯穿在教学教育的全过程中。在实践初期，由于缺乏对课程思政的理解，教师往往将思政元素和专业课程简单叠加，导致课程内容大幅增加。在课时一定的情况下，就只能将专业课程内容进行削减。

专业教育课程以及综合素养课程旨在传授专业知识，培育专业型人才以适应未来发展。站在人全面发展的角度，在培养专业能力时，应该重视价值观念教育，也就是必须确保思政教育的功能在专业课程和综合素养课程教育中得到充分体现。为社会主义服务的办学任务要求所有课程都应天然地蕴含思政元素和内容。基于专业课程对思想政治教育加以强化，与思政课相比，会具备更强的感染力和说服力，实现了价值引领与专业知识传播的和谐统一。然而，这种和谐统一的前提是思想政治和专业知识本质上具备包容性，若无法确保这一点，就有可能陷入单一政治说教的旋涡，从而造成专业知识和思想政治"两张皮"的问题。在对课程思政教育进行实践的过程中，一旦陷入单一政治说教的旋涡，就会给思想政治和专业知识教育带来双重打击。

（二）课程深度融合思政

若想确保教育的增效和提质，其核心在于课程整合，其重点是教育价值的融合，这需要课程内容之间存在内在逻辑关联。换句话说，课程思政的核心便是形成思想政治内容和专业课程知识的内在联系，在专业课程内融入思想政治的精神追求、价值理念以及理论知识，在无形中影响学生的行为举止和思想意识，将价值塑造、能力培养和知识传授有机结合。

通过课程融合思政，将各个学科的育人价值进行内在关联，在向学生传授专业课程知识时潜移默化地提升他们的思想道德修养，在各科课程内融合价值培养教育，确保教学教育的全过程中始终贯穿思想政治教育，将专业课和思政课从原本的

"两张皮"变成"一盘棋",将"思政味道"充满每门课程,润物细无声地实现立德树人,实现春风化雨般的育人效果。

【拓展与借鉴】

德艺双馨 科艺结合
——"广告设计"课程思政建设
授课教师:东北大学 霍 楷

课程植根于东北大学浓厚的文化底蕴,坚持"德艺双馨、科艺结合"原则,通过科学与艺术相结合、品德和才艺相结合,凸显艺术类专业办学定位,深入挖掘思想政治教育资源,打造思创融合的育人过程化、内容立体化和质量导向性的课程思政示范课程,具有创新性、可复制、可推广的特点。

第一,全链条、全过程挖掘课程思政元素

一是课程前端紧跟政策,全程融入:把握主流价值观。课程紧跟国家大政方针和教育发展战略,紧紧围绕中华优秀传统文化、红色文化基因,导入专业课程创作,以高度艺术表现形式和审美方式塑造和呈现社会发展的主流价值观;将思政元素全程融入"广告设计"课程的选题、指导、修正、完成、展演及参赛全过程。二是课程中端思创融合,深入推进:打造课程新模式。深入挖掘课程思政元素,挖掘中华优秀传统文化中的德育内容、新民主主义革命时期的红色革命精神、现代社会的思政价值观,将思政理念可视化、思政故事图案化,形成广告设计中的思政画图。深入挖掘创新元素,吸收专业前沿的新观点、新形式、新创意、新理念、新手段、新技术,与挖掘的思

政可视化和图案化形象相结合，以全新设计面貌呈现。三是课程末端赛创引导，成果导向：保障质量再提升。思政类广告设计作品在全国公益广告大赛、廉政文化作品大赛以及各类国际展赛中频获大奖，通过专家评判和质量检验。

第二，全方位、体系化优化教学方法

一是立体混合教学法。课程采用立体混合式教育方法。在立体教育方面，德育是先导、美育是基础、创新教育是灵魂、专业教育是根本，课程需要强基、立根、固本、铸魂相结合，突出全人教育；在混合教育方面，教师是保障、方法是载体、成果是导向、能力是目标，混合教育突出能力培养和成果凝练。二是目标成果导向法。课程确定明确目标，即培养以马克思主义文艺观为指导、弘扬社会主义核心价值观的高素质专业人才。课程确定高质量成果导向，即指导学生创作数量多、质量高的社会主义核心价值观广告设计作品，作为衡量课程成果的重要指标。三是竞赛驱动检验法。课程结课后，集中组织课程作品投稿到全国艺术设计展赛，推进赛中教、赛中学、赛中研，总结创、量、健、技、美五个作品评判标准，创即创意和创新，量即作品的工作量饱满程度，健即符合社会主义核心价值观及正能量导向的主题，技即技术的深入应用和艺术表现的刻画完善，美即体现中华美育精神与民族审美特质的艺术美。

二、课程思政必须明确的主体责任

长期以来，我国高等院校在育人工作上主要依赖思想政治理论课程和思政课教师。然而，实践证明，单纯依靠思政课强化意识形态引领的效果有限。新时代下的课程思政要求专业课教师参与到育人工作中来，遵循立德树人的根本要求，明确政治导向，将思政融入课程，注重人文精神、科学素养、创新思维的塑造，为新时代大学生提供价值引领。

（一）政治导向

"办什么样的大学、坚持什么方向、高举什么旗帜，是高等教育发展的根本性与方向性问题。"政治导向是课程思政的灵魂，它规定了我国高等院校课程思政建设必须坚持社会主义办学方向。中国高等院校的发展不能恣意妄为，不能脱离中国特色社会主义现代化建设的现实需求和未来目标，而是要沿着中国特色社会主义道路前进，为人民服务，以满足民之所需、所求作为人才培养的出发点和落脚点。它需要为中国共产党治国理政服务，确保党对高等教育的领导，始终坚持马克思主义意识形态在高等教育领域的主导地位，牢牢把握住高等院校意识形态领域的领导权和话语权；需为中国特色社会主义制度的巩固和发展服务，以道路自信、理论自信、制度自信、文化自信为着力点，并将其一以贯之；需为改革开放和社会主义现代化建设服务，以培育中国特色社会主义建设的时代新人为崇高使命。高等院校社会主义办学方向的根基是否牢固，取决于思想政治工作的建设质量和水平。课程思政改革是我国高等院校思想政治工作的新力量，充分地展示了社会主义高等院校办学的鲜明特色，彰显了社会主义高等院校的育人导向。课程思政要"围绕坚定学生理想信念，以爱党、爱国、爱社会主义、爱人民、爱集体为主线"；既要引导大学生实事求是、脚踏实地地学好本学科的专业知识，掌握专业技能，为中国特色社会主义建设倾尽全力，又要引导其将自身学习及个人发展与国家发展的主诉求联系起来，认识到学习知识的目的在于为人类的幸福而奋斗，正如马克思所言："人们只有为同时代人的完美、为他们的幸福而工作，才能使自己也达到完美"，从而为中国梦和共产主义的实现奠定坚实的思想基础。

正确的政治导向对于课程思政建设的顺利进行具有重要的意义。首先，只有坚持正确的政治导向，才能实现课程思政的本质要求。课程思政的根本任务是立德树人，核心在于培养具有较高道德修养的青年人才。其中，明确培养方向是至关重要的问题，只有牢牢把握住社会主义这一根本方向，才能确保课程思政不失其本真。其次，只有坚持正确的政治导向，才能将新时代大学生的思想与行动进行统一，让课程思政的作用得到真正的发挥。

正确的政治方向是统一新时代大学生群体思想、协调课程思政各方面的力量，使之同向发挥作用的根本保证。课程思政必须将政治性置于重要位置，坚决不动摇社会主义的办学方向。只有坚持正确政治导向，才能实现课程思政的教育目标，培养合格的社会主义建设者和接班人。因此，坚持正确的政治导向是实现课程思政价值的内在保证。

（二）寓德于课

高校立身之本在于立德树人。大学教育是一个人走向社会的铺路石，因此，大学阶段的教育不单单是向学生传递科学文化知识的最后冲刺阶段，更是帮助大学生形成积极健康的精神状态、良好的道德品质以及高尚人格的最后教育阶段。这是一段十分难得而又弥足珍贵的人生阅历和体验。习近平总书记强调，"要坚持把立德树人作为中心环节，把思想政治工作贯穿教育教学全过程，实现全程育人、全方位育人，努力开创我国高等教育事业发展新局面。"立德不仅是思想政治教育的重点内容之一，还应成为课程思政建设的重要组成部分。德需要借助于一定的载体才能实现自身的功能和作用，课程思政建设为德提供了课程这一载体，将德寓于具体的课程内容和教师的教育教学过程中。

德是立身之本，立国之基。自古以来，中华民族就将以德修身、从政以德作为崇高的价值追求。评价一位教师是否优秀，不仅要看他是否精于"授业"和"解惑"，更要看他是否以"传道"为责任和使命，是否做到了"经师"和"人师"的统一。立德的要求就潜隐在这一评价标准中。新时代下，培养社会主义事业建设者和接班人是每一位高等院校教师的重要任务，而"德智体美劳全面发展"是社会主义事业建设者和接班人的应然状态，德是首位。课程思政正是强化大学生德行教育的重要一环。一直以来，思政课作为培养大学生思想道德修养的关键课程始终发挥着重要作用，然而，仅仅依靠一个学科是无法完成这一教育任务的。因此，除思政课程之外的其他专业课程具有不可推卸的责任，要与思政课程同向同行、同向发力，共同承担起德育的重要任务。当前，课程思政仍在起步阶段，部分高等院校在育人过程中，一定程度上存在着思政课程与专业课程相脱节的问题，在认识上形成一种误区：帮助大学生立德是思政课程的任务，专业知识教育是专业课程的任务，二者是没有联系、毫不相干的。这一认识误区将思政课程与专业课程对立起来，割裂了二者在立德上的一致性。课程思政改革针对上述问题及时进行弥补和调整，明确将立德作为所有课程及教师的任务。立德并不是游离于课程之外，而是课程的应有之义。"课程思政所要实现的正是寓德于课，从而为国家、社会和人民培养德才兼备之人。"

（三）人文立课

课程思政建设要求专业课教师挖掘所授课程的"人文素养"元素。人文素养的范畴是十分宽泛的，人文精神是人文素养中的重要部分，是一种对人类生存意义和价值的关怀。课程思政建设的载体并不是单指某一门课程，而是包括了除思想政治理论课程之外的其他所有课程。这些课程没有高低优劣之分，只是在实施德育的难易程度上存在差异。对于大学生来说，在形成健全人格的过程中，人文精神教育有着重要作用。大学生只有同时接受了知识教育与价值观教育，才能称得上是接受了健全的教育。课程教学包括教书与育人两种维度，也就是说，每门课程都具有育人功能，人文精神是课程的固有之物。只不过在实际教育教学过程中，不同类型的课程在不同程度上隐化了人文精神。课程思政建设强调并重构了原本被隐化甚至被弱化的人文精神，进一步加深了课程的教育色彩。"教师是履行教育教学职责的专业人员，承担教书育人，培养社会主义事业建设者和接班人、提高民族素质的使命。"因此，课程思政建设强调专业课教师在教学过程中积极发掘人文精神，扩充知识的内涵，赋予知识教育一定的情趣，将能力培养落到实处。课程思政建设中，专业课教师需认真学习、领会、贯彻立德树人是教育的根本任务中潜在的人文精神要求，自觉地在教育教学过程中将知识教育与家国情怀教育、健全人格教育结合起来，挖掘课程中潜隐的思想政治教育资源，对课程思政进行深刻的认知和理解，将对人类生存意义和价值的关怀有机地渗透到知识教学中，真正使所有课程共同发挥育人功能，踏实守好一段渠、种好责任田。

（四）价值引领

课程思政建设要求各门各类课程挖掘潜在的思想政治教育元素，并将这种思想政治教育元素有机地融入教育教学过程中，"其中思想政治教育元素主要指思想政治教育内容，不一定是具体的思想政治教育理论知识内容，也可以是思想政治教育所体现的一种价值理念和精神追求"。例如，从具体的融入内容角度来看，可以将培育和践行社会主义核心价值观融入专业知识传授与能力培养之中。这种融入方式的实施性较强，融合模式比较易于实现，能够彰显课程思政在价值引领方面的特点。从抽象的融入内容角度看，课程思政建设的目标并非单纯地向大学生灌输思想政治教育的基本理论知识，而是通过隐性教育的方式引导他们树立正确的世界观、人生观和价值观，从而真正实现对大学生的价值引领。"拔节孕穗期"的大学生离不开栽培和教导，他们价值取向的科学与否将对未来整个社会的价值取向产生重要影响，因此，无论从融入的具体内容还是抽象内容来看，课程思政建设是以价值引领为核心的。

【拓展与借鉴】

结合专业特点分类推进课程思政建设

专业课程是课程思政建设的基本载体。要深入梳理专业课教学内容，结合不同课程特点、思维方法和价值理念，深入挖掘课程思政元素，有机融入课程教学，达到润物无声的育人效果。

——文学、历史学、哲学类专业课程。要在课程教学中帮助学生掌握马克思主义世界观和方法论，从历史与现实、理论与实践等维度深刻理解习近平新时代中国特色社会主义思想。要结合专业知识教育引导学生深刻理解社会主义核心价值观，自觉弘扬中华优秀传统文化、革命文化、社会主义先进文化。

——经济学、管理学、法学类专业课程。要在课程教学中坚持以马克思主义为指导，加快构建中国特色哲学社会科学学科体系、学术体系、话语体系。要帮助学生了解相关专业和行业领域的国家战略、法律法规和相关政策，引导学生深入社会实践、关注现实问题，培育学生经世济民、诚信服务、德法兼修的职业素养。

——教育学类专业课程。要在课程教学中注重加强师德师风教育，突出课堂育德、典型树德、规则立德，引导学生树立学为人师、行为世范的职业理想，培育爱国守法、规范从教的职业操守，培养学生传道情怀、授业底蕴、解惑能力，把对家国的爱、对教育的爱、对学生的爱融为一体，自觉以德立身、以德立学、以德施教，争做有理想信念、有道德情操、有扎实学识、有仁爱之心的"四有"好老师，坚定不移走中国特色社会主义教育发展道路。体育类课程要树立健康第一的教育理念，注重爱国主义教育和传统文化教育，培养学生顽强拼搏、奋斗有我的信念，激发学生提升全民族身体素质的责任感。

——理学、工学类专业课程。要在课程教学中把马克思主义立场观点方法的教育与科学精神的培养结合起来，提高学生正确认识问题、分析问题和解决问题的能力。理学类专业课程，要注重科学思维方法的训练和科学伦理的教育，培养学生探索未知、追求真理、勇攀科学高峰的责任感和使命感。工学类专业课程，要注重强化学生工程伦理教育，培养学生精益求精的大国工匠精神，激发学生科技报国的家国情怀和使命担当。

——农学类专业课程。要在课程教学中加强生态文明教育，引导学生树立和践行绿水青山就是金山银山的理念。要注重培养学生的"大国三农"情怀，引导学生以强农兴农为己任，"懂农业、爱农村、爱农民"，树立把论文写在祖国大地上的意识和信念，增强学生服务农业农村现代化、服务乡村全面振兴的使命感和责任感，培养知农爱农创新人才。

——医学类专业课程。要在课程教学中注重加强医德医风教育，着力培养学生"敬佑生命、救死扶伤、甘于奉献、大爱无疆"的医者精神，注重加强医者仁心教育，在培养精湛医术的同时，教育引导学生始终把人民群众生命安全和身体健康放在首位，尊重患者，善于沟通，提升综合素养和人文修养，提升依法应对重大突发公共卫生事件能力，做党和人民信赖的好医生。

——艺术学类专业课程。要在课程教学中教育引导学生立足时代、扎根人民、深入生活，树立正确的艺术观和创作观。要坚持以美育人、以美化人，积极弘扬中华美育精神，引导学生自觉传承和弘扬中华优秀传统文化，全面提高学生的审美和人文素养，增强文化自信。

（来源：《高等学校课程思政建设指导纲要》）

参考文献

[1] 陈万柏，张耀灿．思想政治教育学原理：第三版 [M].北京：高等教育出版社，2015.

[2] 陈秉公．思想政治教育学原理 [M].北京：高等教育出版社，2006.

[3] 习近平在中共中央政治局第五次集体学习时强调 加快建设教育强国 为中华民族伟大复兴提供有力支撑 [N].光明日报，2023－05－30(1).

[4] 习近平．论党的宣传思想工作 [M].北京：中央文献出版社，2020.

[5] 董必荣．论课程思政的本质与内涵 [J].财会通讯，2022(12)：21－26.

[6] 李功连，刘莹．课程思政：意蕴、价值及实践 [J].教育理论与实践,2023,43(27):24－28.

[7] 教育部关于印发《高等学校课程思政建设指导纲要》的通知 [EB/OL].(2020－06－05)[2024－07－08]http://www.moe.gov.cn/srcsite/A08/s7056/202006/t20200603－462437.html.

[8] 马克思，恩格斯．马克思恩格斯全集．第 40 卷 [M].北京：人民出版社,1982.

[9] 王学俭,石岩．新时代课程思政的内涵、特点、难点及应对策略 [J].新疆师范大学学报 (哲学社会科学版),2020(2):50－58.

[10] 胡甲刚．立德树人是高等学校的根本价值遵循 [N].中国教育报,2018－10－25(5).

要把社会主义核心价值观贯穿于高校办学育人全过程，弘扬以爱国主义为核心的民族精神和以改革创新为核心的时代精神，坚持用社会主义核心价值观引领知识教育、引领师德建设，加强中华优秀传统文化和革命文化、社会主义先进文化教育，加强党史、国史、改革开放史、社会主义发展史教育，加强国家意识、法治意识、社会责任意识教育和民族团结进步教育、国家安全教育、科学精神教育。

——习近平总书记 2016 年 12 月 7 日在全国高校思想政治工作会议上的讲话

第三章
课程思政的内容选择与功能实现

第一节　课程思政的内容选择

教育部印发的《高等学校课程思政建设指导纲要》概要性阐述了课程思政建设的内容，即"课程思政建设内容要紧紧围绕坚定学生理想信念，以爱党、爱国、爱社会主义、爱人民、爱集体为主线，围绕政治认同、家国情怀、文化素养、宪法法治意识、道德修养等重点优化课程思政内容供给，系统进行中国特色社会主义和中国梦教育、社会主义核心价值观教育、法治教育、劳动教育、心理健康教育、中华优秀传统文化教育"。根据《高等学校课程思政建设指导纲要》，课程思政的内容选择重点在于政治认同、家国情怀、文化素养、宪法法治意识、道德修养五个方面。

一、政治认同

政治认同是指"社会成员在政治生活实践中逐渐形成的对已有政治体系的归属感和行为上的支持、服从"。政治认同教育在高等院校中占有极其重要的地位，直接反映了国家政治体系的发展水平。在全球思想文化多元的今天，西方的多种思潮可能会对大学生的政治观念产生影响，威胁到马克思主义在国家意识形态领域的主导地位。作为国家、民族发展的后备军，新时代大学生的政治素质过不过硬、政治信念坚不坚定对于我国意识形态建设具有重要意义。"高校大学生的政治认同程度，直接反映国家政治体系的发展水平。因此，做好高校政治认同教育显得异常重要。"

当前，环顾全球，世界百年未有之大变局加速演进，世界之变、时代之变、历史之变正以前所未有的方式展开。这不仅带来了学习和借鉴各国优秀文明成就的机会，同时也带来了挑战。具体来说，多种西方意识形态和价值观，如历史虚无主义、新自由主义、民主社会主义、后现代主义、实用主义以及文化保守主义等，已开始影响中国大学生的思想观念。这些思潮可能对马克思主义在中国的主导地位构成挑战，影响国家意识形态的稳定。另一方面，改革开放四十余年来，中国取得了令人瞩目的成就，国力显著增强，人民生活质量大幅提高，增强了国人对中华民族伟大复兴的信心与自豪感。然而，随之而来的是对政府服务能力与水平的更高要求，以及需要加强社会建设的迫切问题。如果不能有效处理这些思想和社会问题，可能会使大学生对党和政府的信任受损，进而削弱他们对中国特色社会主义道路、理论、制度和文化的自信，威胁到党的执政基础。因此，需要加强大学生的政治认同教育，通过深化对中国特色社会主义和马克思主义理论的学习和理解，来增强他们对国家发展方向和理论的信念，以应对和抵御外来思潮的影响，同时积极解决社会问题，保障国家意识形态的安全和社会的稳定发展。

在高等教育中，对大学生的政治认同引导是通过马克思主义的视角来教育他们观察、分析政治问题和处理政治关系，从而维护国家的意识形态安全。习近平新时代中国特色社会主义思想是马克思主义中国化的最新成果，为坚持和发展中国特色社会主义提供了科学的理论指导。这一思想体系不仅反映了我国社会主义事业的实践和经验，还展示了马克思主义与中国实际相结合的发展。因此，大学生的政治理论教育不仅要让他们系统地理解这些理论，还要深刻地将这些理论融入他们的思想中。

课堂是高等院校进行立德树人的主渠道，《高等学校课程思政建设指导纲要》指出，"推进习近平新时代中国特色社会主义思想进教材进课堂进头脑"，强调了把习近平新时代中国特色社会主义思想融入教材和课堂的重要性，使之成为高等教育中不可或缺的一部分。由此可见，其他各门各类课程都要将习近平新时代中国特色社会主义思想作为一项重要的思想政治教育内容，要使其与专业教材的知识内容相结合，从而增强新时代大学生对党的创新理论的认同，将习近平新时代中国特色社会主义思想润物细无声般地渗透到大学生的头脑中、心灵中，为其以后"服务社会、实现个人全面发展打下坚实的思想基础"。

二、家国情怀

一个国家的精神特征反映了其物质基础上的创造性意识活动的积累和发展。中华民族精神是中华民族在漫长的社会历史发展过程中逐步形成的，它是中华各族人民社会生活的反映，是中华文化最本质、最集中的体现，是各民族生活方式、理想信仰、价值观念的文化浓缩，是中华民族赖以生存和发展的精神纽带、支撑和动力。正如马克思指出的，"每一历史时代的经济生产以及必然由此产生的社会结构，是该时代政治和精神的历史的基础。"民族精神和时代精神成为人们精神世界的指引。家国情怀的核心主题是爱国主义教育，是"对人们施加教育，使人们的爱国主义情感得到升华，成为一种自觉遵守的政治原则和道德规范"。在高等院校中，爱国主义教育是大学生思想政治教育常抓不懈的核心工作。因此，强化青少年的爱国主义教育被视为优先任务，目的是深植爱国之情于每名学生心中。2015 年 12 月 30 日，习近平总书记强调，实现中华民族伟大复兴的中国梦，是当代中国爱国主义的鲜明主题。实现中华民族伟大复兴的中国梦被视为爱国主义的核心内容，显示了新时代爱国主义与中国梦的一致性。也就是说，中国梦与新时代爱国主义具有内在的一致性，因此，高等院校所要培养的人才离不开爱国主义教育。另一方面，《新时代爱国主义教育实施纲要》强调，爱国、爱党、爱社会主义应是不可分割的整体，这种教育应着力于维护国家统一和民族团结，并在全球化背景下正确处理爱国主义与对外开放的关系，推动世界和平发展。

对于新时代的大学生来说，他们不仅是中国梦的实践者和见证者，而且弘扬和培育民族精神与时代精神是其不可或缺的学习内容。课堂教学是大学生接受这些精神教育的主要平台。将时代价值融入专业知识的教学中，对于推动高等教育的育人工作深入发展，以及中国精神的弘扬和培育具有极其重要的意义。这样的教育有助于增强新时代大学生的民族认同感，并激发他们的开拓进取精神。

因此，高等院校应重视将这些精神价值整合进各学科课程中，不仅在思想政治理论课中强调，而且在专业课程教学中也应找到融合点和切入角度，通过具体教学内容和教学方法的创新，培养学生对社会主义核心价值观的深刻理解和实际应用能力。这样的整合不仅能够促进学生全面发展，还能够为培养符合时代要求的新型人才奠定坚实的基础。

三、文化素养

文化素养是大学生思想政治教育的关键组成部分，新时代课程思政改革是强化思想引领的有效策略。课程思政改革要求专业课教师在教授学科知识和培养技能的同时融入文化素养，学生在掌握专业知识和提升技能的基础上，也在思想层面接受社会主义核心价值观的引导，感受中华优秀传统文化的影响。不仅在专业课程中能够提高隐性思想教育的效果，还能确保对学生思想的正确引导。

强化价值观教育是推动社会进步和个人成长的关键。由于价值观对个体的成长具有深远的指导作用，新时代大学生的价值观正确与否，直接关系到其良好个性和德行的培养。在此背景下，课程思政改革成为一种强有力的教育举措，旨在将社会主义核心价值观、中华优秀传统文化及宪法法治教育融入知识传授和能力培养过程中，从而确保学生在学习专业知识的同时，接受价值观的熏陶，实现立德树人的教育目标。价值观教育应以人文主义为核心，引导新时代大学生正确理解个人价值与社会价值的关系，并用正确的价值标准看待生命、生活及社会的发展变化。这种教育追求尊重生命的存在和价值，培养高尚的灵魂，形成坚定的信仰，以及培育关爱和人文精神，从而塑造出符合时代要求的新型人才。

在改革开放的四十余年里，我国不仅在经济领域取得了显著进展，在文化领域也出现了价值观的多元化和多样化。在这种市场经济和东西方文化激荡的环境中，新时代大学生可能面临价值观的困惑，甚至迷失自我。因此，将社会主义核心价值观融入各类课程，对大学生进行持续而隐性的价值观教育，引导他们做出正确的价值选择，解决个人价值与社会价值的冲突，提升他们的整体素质，增强社会认同感显得尤为重要。思想政治理论课是大学生接受社会主义核心价值观教育的主要平台，而其他专业课程也扮演着重要的角色。在教学过程中，专业课教师应将社会主义核心价值观与教学重点相结合，引导学生科学地分析当前社会热点问题，正确评价复杂的社会情况和文化思潮，从而从正确的视角理解多样的社会意识和现象，弘扬文化的主旋律。因此，专业课程应强调价值导向，教师需优化课程设置和教学设计，创设综合性、跨学科的新课程群，找到将专业知识与社会主义核心价值观结合的切入点，确保价值引领与思政教育同步推进。

四、宪法法治意识

全面依法治国是新时代中国特色社会主义的基本方略之一。"法治意识是人们对法律的认可、崇尚与遵从，是关于法治的思想、知识和态度。"在新时代的课程思政建设中，专业课教师的任务是挖掘课程中的宪法和法治元素，引导大学生建立和加强宪法法治意识。通过专业知识中的法治元素，教师可以帮助学生理解社会主义法治国家的建设新理念，认识到宪法是国家治理的根本法、是保障人民权利的重要文献。

教师需要清晰地传达权利与义务的关系，培养学生依法办事、依法行使权利和履行义务的习惯。这种教学要让学生不仅形成法治思维，更要树立深刻的法治意识。此外，学生应该认识到法律不仅存在于教科书中，而且渗透在日常生活的各个方面。在面对困难或冲突时，应学会运用法律手段维护自己的合法权益。通过这种方式，教育不仅仅是知识传递，也是对大学生责任感和法治意识的塑造，这对于培养能在法治社会中积极贡献的公民至关重要。

五、道德修养

"道德是以善恶来评价、依靠社会舆论和内心信念来实现的调整人们之间以及个人与社会之间关系的行为规范及其相应的心理意识和行为活动的总和。"社会主义办学方向是我国高等教育的基本指导原则，对大学生的道德教育至关重要，这直接关系到新时代中国特色社会主义的成功以及中华民族伟大复兴目标的实现。道德教育和知识教育不应该被视为两个孤立的领域，需要被整合为一个统一的整体。在新时代的课程思政建设中，将社会公德、职业道德和个人品德等道德教育内容融入专业课程。这种教育策略不仅强化了道德价值的传授，还确保了学生能在学习专业知识的同时，能够有长久性的道德熏陶。

新时代课程思政强化了道德修养的重要性，不仅在学生的个人成长中起到核心作用，也对社会的整体进步和国家的长远发展至关重要。因此，高等院校必须采取有效措施，确保所有课程都能在教学中有效地结合道德教育元素，通过实际案例、道德讨论和职业道德的教学，深化学生的道德认知和行为准则。这样的教育将使学生不仅在学术上有所成就，更在道德层面为社会作出贡献。

（一）社会公德教育

"社会公德是人们在社会交往和公共生活中应该遵守的行为准则，是维护社会成员之间最基本的社会关系秩序"，也是"大学生要遵守和践行的最基本的道德要求"。社会公德调节人与人、人与社会、人与自然的关系，具有扬善惩恶的双重功能。这不仅肯定并激励对社会和个人有益的思想与行为，也否定和约束有害的思想与行为。社会公德的培养和提升，不仅是衡量社会文明程度的重要标尺，也反映了一个国家综合素质的高低。对于新时代大学生而言，他们是未来国家建设的中坚力量，承担着推动民族复兴和国家繁荣的重要任务，因此他们的社会公德素质直接影响到个人发展及国家的整体进步。在我国高等教育中，推动学生的全面发展，即培养学生在行为上的得体与在品德上的高尚，是素质教育的核心目标。德才兼备是新时代教育的重要追求，在课程思政建设中尤为突出。专业课教师在课程中融入社会公德元素，是对学生全面成长至关重要的一环。通过对专业知识背后的社会公德元素的挖掘和应用，不仅能促进学生的个人健康成长，还能推动社会精神文明的进步。

社会公德作为新时代大学生综合素质的一部分，其培养在专业课程中尤为重要。将社会公德的基本要求融入专业知识的教学中，可以帮助学生形成正确的价值观，并积极影响其行为习惯和决策方式。另一方面，社会公德教育对于建设国家的软实力也具有重要作用。通过培养具有良好社会公德的学生，不仅能够加强国家的精神文明建设，还能通过这些具备高尚品德的公民来提升国家的整体形象和国际地位。因此，专业课程中的社会公德教育对于塑造学生的全人格和推动国家的全面发展具有不可替代的重要作用。教师通过课程内容的创新和教学方法的改进，能够更有效地将这些道德教育理念渗透给每一名学生，为培养新时代符合社会主义核心价值观的优秀人才打下坚实基础。

（二）职业道德教育

"职业道德是从业者在职业活动中应具有的道德观念、道德情操和道德品质及应遵循的道德行为规范的总称。"随着我国高等教育的大众化，大学毕业生数量逐年增加，他们的职业道德表现整体良好，但同时也暴露出一些问题，如职业理想缺失、择业观念扭曲、诚信缺失、职业价值观功利化、责任感弱化、缺乏服务和奉献意识等。这些问题虽非普遍，但对大学生的职业形象有着不良影响，因此，高等院校需要对这些问题给予高度重视，将人才培养质量置于核心位置，加强对新时代大学生的职业道德教育。

过去，大学生的职业道德教育往往只在某些课程中体现，而非全面融入各专业课程中，导致部分课程过分强调专业知识和技能的学习，忽视了职业道德的养成。部分专业课程存在"只重视本专业知识和技能的学习，而忽视职业道德养成的现象"。课程思政建设提出，所有课程不仅要完成知识传授的基本功能，还应承担育人的责任，将职业道德的核心内容融入教学和能力培养中。具体来说，专业课教师应引导学生深入理解并自觉实践所属行业的职业精神和规范，增强职业责任感，并培养学生遵纪守法、爱岗敬业、无私奉献、诚实守信、公正办事和开拓创新的职业品格及行为习惯。通过这种方式，高校可以实现职业道德教育的全课程化，从而更全面地提升大学生的综合素质，确保他们作为社会的新鲜血液，能在毕业后为社会作出更大的贡献，并有效推动国家和社会的进步。

（三）个人品德教育

中国高等教育的大众化趋势逐渐明显，大学毕业生人数不断增长。然而，这一变化也暴露出一些关于大学生个人品德的问题。这些问题包括诚信意识缺失、奋斗精神和责任感弱化、服务和奉献意识缺乏等。尽管这些问题并非普遍存在，但它们已在一定程度上影响了大学毕业生和整个教育体系的形象。因此，高等院校必须将人才培养质量作为核心，加强对新时代大学生的个人品德教育。"个人品德是指一定社会生产关系或阶级所要求的特定社会规范、道德原则在个人的思想和行为中的体现，是一个人在道德行为过程中所表现出来的比较稳定的心理特征和一贯的道德特点倾向。"《新时代公民道德建设实施纲要》已将个人品德提升为公民道德建设的新重点，强调了个人品德对社会发展及国家事业的重要影响。

课程思政建设提出的新理念，要求高校通过所有课程的教学不仅传授知识，还要育人，特别是在个人品德方面。专业课教师应深入挖掘所授课程中的德育素材，融入个人品德教育，关注与个人品德相关的社会热点、难点问题，从而细化和深化学生品德培养的目标，实现个人品德教育的内化和自然化。此外，劳动教育和心理健康教育也是课程思政建设的重要组成部分。劳动教育对于培养全面发展的新型人才具有基础性作用，高校需要强化大学生的劳动教育，使其在专业学习的同时，正确认识劳动的价值，培养良好的劳动习惯和态度。同时，心理健康教育在帮助学生理智成长、完善人格方面发挥着不可替代的作用，高校必须承担起在课程中有意识地进行心理健康教育的责任，以确保学生在成长的过程中心理健康和品德教育同步推进。

【拓展与借鉴】

明确课程思政建设目标要求和内容重点

课程思政建设工作要围绕全面提高人才培养能力这个核心点，在全国所有高校、所有学科专业全面推进，促使课程思政的理念形成广泛共识，广大教师开展课程思政建设的意识和能力全面提升，协同推进课程思政建设的体制机制基本健全，高校立德树人成效进一步提高。

课程思政建设内容要紧紧围绕坚定学生理想信念，以爱党、爱国、爱社会主义、爱人民、爱集体为主线，围绕政治认同、家国情怀、文化素养、宪法法治意识、道德修养等重点优化课程思政内容供给，系统进行中国特色社会主义和中国梦教育、社会主义核心价值观教育、法治教育、劳动教育、心理健康教育、中华优秀传统文化教育。

——推进习近平新时代中国特色社会主义思想进教材进课堂进头脑。坚持不懈用习近平新时代中国特色社会主义思想铸魂育人，引导学生了解世情国情党情民情，增强对党的创新理论的政治认同、思想认同、情感认同，坚定中国特色社会主义道路自信、理论自信、制度自信、文化自信。

——培育和践行社会主义核心价值观。教育引导学生把国家、社会、公民的价值要求融为一体，提高个人的爱国、敬业、诚信、友善修养，自觉把小我融入大我，不断追求国家的富强、民主、文明、和谐和社会的自由、平等、公正、法治，将社会主义核心价值观内化为精神追求、外化为自觉行动。

——加强中华优秀传统文化教育。大力弘扬以爱国主义为核心的民族精神和以改革创新为核心的时代精神，教育引导学生深刻理解中华优秀传统文化中讲仁爱、重民本、守诚信、崇正义、尚和合、求大同的思想精华和时代价值，教育引导学生传承中华文脉，富有中国心、饱含中国情、充满中国味。

——深入开展宪法法治教育。教育引导学生学思践悟习近平全面依法治国新理念新思想新战略，牢固树立法治观念，坚定走中国特色社会主义法治道路的理想和信念，深化对法治理念、法治原则、重要法律概念的认知，提高运用法治思维和法治方式维护自身权利、参与社会公共事务、化解矛盾纠纷的意识和能力。

——深化职业理想和职业道德教育。教育引导学生深刻理解并自觉实践各行业的职业精神和职业规范，增强职业责任感，培养遵纪守法、爱岗敬业、无私奉献、诚实守信、公道办事、开拓创新的职业品格和行为习惯。

（来源：《高等学校课程思政建设指导纲要》）

【拓展与借鉴】

培养学生的科学精神与理性思维

——"数值分析"课程思政建设

授课教师：东北大学　邵新慧

围绕东北大学"在中国新型工业化进程中起引领作用"的办学定位，聚焦发展一流工科必有一流理科支撑的专业认知，面向全校工科研究生开设"数值分析"公共课。针对本课程"数学理论的高度抽象性""与工科相互融合的交叉性""与实践紧密结合的应用性"三个特点精准实施课程思政，培养学生的科学精神与理性思维，提高分析问题、解决问题的能力，助益学生形成科学的世界观和方法论。

1. 遵循"以一贯五"建设原则，完成课程思政顶层设计

以"一条主线"（立德树人为贯穿主线），将"两种教育"（专业教育和思政教育）有机融合，交叉采用线下授课、线上互动和混合式教学"三种渠道"，在课程绪论、数值代数、数值逼近、微分方程数值解等"四个模块"上深挖思政元素，通过典型案例法、问题探究法、思维导图法、类比对比法、互动启发法形成"五位一体"融入策略深化改革教学方法，在树立科学世界观、培养理性精神、增强数理思维、强化创新意识、提升实践能力"五个方面"下足功夫，设计可执行的课程思政教学方案，在具体实施中不断完善。

2. 通过"萃取—融合—配套—传导"，实施课程思政方法路径

素材萃取方面，深入合理挖掘课程内容隐含的思政元素，形成了涵盖数值算法溯源、数学文化典故、工程实践应用、科研精神培养等 4 类课程思政素材库，包括视频、图片、表格、文章等 200 余项资料。每个教学周期进行更新迭代，确保思政元素与时俱进，持续更新。

内容融合方面，贯彻"全过程育人"理念，秉承"润物细无声"原则，遵循教学发展规律，将育人贯穿教学全过程。重点培养学生的自主探究、独立思考能力，借助本课程特有的网络平台，发布任务、设置话题，对即将开展的教学内容进行启发式引导。采用项目化教学方法，精心设计思政案例，搜集典型素材，设计实施途径，在教学实践中彰显价值引领。

教学配套方面，针对知识传授、能力培养和价值塑造的新需求，融合课程思政元素，重新编写教材、修订大纲。通过知识延展、定期研讨等形式，将能力培养和价值塑造显式或隐式融入讲义，形成具有课程特色的课程思政教案和课件。

价值传导方面，课程团队从专业知识出发，以学生的身边事、专业事为起点，引导学生肩负天下事，形成从低到高、由近及远、有粗有细的思政元素体系。课程思政教学实施秉承层次观和递进感，摒弃"喊口号"式输入，尽量使学生通过切身体验，从思考中内生出科学的精神认同与正确的价值判断。

3.多措并举、内外发力，全面提升思政育人效果

课程团队通过内部定期座谈、外出参加教学会议、与校内外课程思政专家学者互访交流等方式，不断提升团队的课程思政建设能力。通过不断改进教学手段，深化改革教学方法，精准把握、持续提升思政元素融入的深度、温度和效度。通过不断完善考评机制，将思政考核点纳入其中，构建多元化、多维

度的评价考核体系。通过以上课程思政建设模式和方法路径，实现课程全面育人效果不断提升。

第二节　课程思政的功能实现

中国高等教育承载着为国家培养高质量人才的重任，这要求学生不仅具备扎实的专业技能，还需具备服务国家、社会和个人的高尚德行。在这个过程中，课堂教学是塑造德才兼备人才的核心环节。然而，长期以来，一些现象如课程中隐性思政教育功能弱化、思政课程育人效果不佳以及其他专业课程与思政课程未能形成有效衔接等，都在一定程度上阻碍了高等院校立德树人这一根本任务的实现。

一、发挥课程的隐性思政功能

一直以来，我国高等院校思想政治理论课程独自承担着大学生价值观教育工作，经过长期的摸索和实践，其效果并没有达到最佳状态。而育人是课程的固有功能，各门各类课程都具有育人功能，只不过在教育教学实践中经常被忽视。课程思政的建设过程就是针对思想政治理论课程之外的课程育人功能的解蔽过程，就是要激发课程的隐性思政教育功能。在这里的课程就是指思政课程之外的所有课程，要使之与思想政治理论课程这一显性课程协同共进，共同承担价值观教育的任务。因此，所有课程教师要注重思政元素挖掘，铸牢自身的政治信仰，将思政工作贯穿教学全过程。

（一）挖掘专业课程思政元素

高等教育扮演着重要的角色，它不仅是专业知识和技能的传授场所，更是塑造青年责任感、使命感以及权利与义务意识的"桥梁"。如果高等教育机构只侧重于专业知识的传授，而忽视了引导学生学会生活、做事和生存的全面教育，就可能降低教育的整体境界，导致学生缺乏追求和理想。在我国的传统教育理念中，"传道、授业、解惑"被视为教育的三大基本功能，其中"传道"指的是传递道德和价值观的教育，而"授业"和"解惑"则侧重于知识和技能的教授以及疑难问题的解答。长期以来，这种综合教育的理念在一定程度上被边缘化，特别是在专业课程中，更多侧重于"授业"与"解惑"，忽略了"传道"的重要性。然而，新时代的教育要求重新强调"传道"的重要性，实现知识教育与德育的有机统一。

教育哲学家赫尔巴特的观点进一步强调了教学和道德教育的密切关系："教学如果没有进行道德的教育，只是一种没有目的的手段。道德教育（或者品格教育）如果没有教学，则是一种失去了手段的目的。"因此，每门课程都应该被视为一个综合体，它不仅传授学科知识，还应该蕴含培养学生思维方式、行为模式以及情感、态度和价值观的教育内容。专业课程，由于与学生未来职业和生活紧密相关的特性，在吸引学生参与、感染学生情感和引发学生共鸣方面具有独特优势。通过挖掘每门专业课程中内隐的思政教育资源，教师可以更有效地在教学过程中引入爱国热情、社会正义感、社会责任感、文化自信和人文精神等价值范式，实现课程思政的目标。高等教育机构应致力于培养教师在专业课程中整合思政教育的能力，确保每门课程都能发挥其育人功能，从而全面提升学生的专业能力与道德品质，为社会培养出全面发展的新时代人才。

（二）铸牢专业课教师政治信仰

专业课教师不仅是知识的传授者，更是价值观的塑造者。他们与学生的接触时间较长，因此在塑造学生的情感、态度和价值观方面扮演着极其重要的角色。在《伦理学大辞典》中，"信仰"一词被界定为从内心深处对某种理论、思想、学说的尊奉，并以此作为自己行动的指南。对专业课教师而言，这意味着需要从内心深处树立对马克思主义的信仰，这不仅仅是因为马克思主义的科学理论属性，更因为其深刻体现了党和国家的行为准则、理想追求和价值目标。马克思主义不仅仅是一门科学理论，而且对于"以马克思主义为指导的共产党来说，对马克思主义者和一切反对资本主义制度的革命者来说，马克思主义学说可以成为一种信仰"。"马克思主义的科学性是信仰坚定性的理论基础：而信仰坚定性是马克思主义学说科学性的内化，化为内心的坚定的信念和情感。"马克思主义的科学性和信仰性在教育领域内是密切相关的。教师对马克思主义科学性的深入理解越透彻，其个人的信仰就越坚定。这种信仰的坚定性是马克思主义科学性的内化，转化为教师内心深处的坚定信念和情感。因此，专业课教师的政治信仰直接影响着大学生对马克思主义科学价值观的认同程度。专业课教师在教学过程中的信仰表现，能够深刻影响学生的价值观形成。

在新时代的教育要求中，强调了课程思政的重要性，即在传授专业知识的同时进行价值观教育。这要求专业课教师不仅要传授知识，还要在教学中有意识地渗透马克思主义的价值观。这种教育模式要求教师能够在教学中挖掘并强化那些启迪智慧、激发爱国热情、培养社会正义感和责任感、增强文化自信和人文精神的思政元素。专业课教师的责任不仅是教授专业技能，更重要的是在教学过程中塑造学生的社会责任感和科学的世界观。这需要教师具有坚定的马克思主义信仰，以确保他们能有效地在课堂上进行正确价值观的教育。坚定的信仰使得教师能够在教学中自然而然地引导学生形成正确的世界观、人生观和价值观，这是实现高等教育育人功能的关键。

总结而言，高等院校的专业课教师不仅是专业知识的传授者，更是价值观教育的实践者。他们的政治信仰和教育方法直接影响着学生的全面发展，特别是在价值观的形成上起着决定性作用。因此，专业课教师必须铸牢马克思主义信仰，有效融合科学与信仰，以实现课堂教学的深层次育人目标。

（三）将思政工作贯穿教育教学全过程

思想政治工作是党和国家一切工作的生命线。在全国高校思想政治工作会议上，习近平总书记意味深长地指出："要坚持把立德树人作为中心环节，把思想政治工作贯穿教育教学全过程。"我国高等院校思想政治工作不能停留在表面上，不能停留在一段时期，也不能体现在某一环节中，而是要将思政工作渗透到育人全过程中。全过程育人的实质在于将思想政治教育潜移默化地渗透到教育教学全过程之中。教育教学全过程就是在立德树人过程中，围绕育人这一中心任务，坚持知识逻辑与价值逻辑并驾齐驱，在遵循教育教学规律和学生成长成才规律的基础上，充分发挥课堂教学和其他教育实践活动的育人功能，保证思政工作在时间上的不间断性和过程上的可持续性。如何将思政工作贯穿到教育教学全过程，需要结合好如何衔接的问题。"思想政治工作和教育教学虽然都具有育人功能，而且都致力于为国家培养输送建设者和接班人，但是二者毕竟在运行逻辑和管理方式上不尽相同。"

思想政治工作的核心任务是将社会价值观转化为个体的思想和行为准则，从而维护并推动社会价值秩序的再生产。而高等院校的教育和教学，虽然在实现教书育人和科研育人的同时享有一定的自主性，并主要遵循"知识性逻辑"，但将思政工作融入教育教学的全过程中，需要妥善处理"规范性逻辑"与"知识性逻辑"的关系。这包括挖掘不同学科内含的思政元素，以实现二者的有机结合。教育教学的过程不仅涉及教师的教学和学生的学习，而且是一个双向互动的过程。在对新时代大学生进行价值观教育时，专业课教师需要通过有目的、有计划、有组织的活动，引导学生学习专业知识和技能，同时塑造他们符合社会要求的价值观和道德品质。传统上，大部分的育人任务常常归属思想政治理论课及其教师，通常这些课程集中在学生的大一和大二学年，导致育人工作在后续学习中出现断层，使得整体的育人体系显得相对封闭。课程思政建设强调育人工作的连续性和不间断性，即从学生入学到毕业的整个过程中，专业课教师应持续地、结合各自课程的特点，进行价值观的引导，这种工作是持续且不间断的。在实现思政工作贯穿整个教育过程中，每门专业课程都有其独特性，教育目标、功能、资源和策略在各科之间存在差异，因此，如何有效地利用这些课程的特性，实现育人功能，是关键所在。教师能否有效地把握这一点，将直接影响立德树人的成效。

【拓展与借鉴】

长安大学"五个着力"加强课程思政建设

　　长安大学认真学习贯彻习近平总书记关于教育的重要论述和全国教育大会精神，把推进课程思政建设作为落实立德树人根本任务的重要抓手，进一步细化课程思政建设的目标要求和重点内容，科学设计教学体系，不断提升教师能力，深入推动课程思政与思政课程同频共振、同向同行，持续营造"课程门门有思政、教师人人讲育人"的良好氛围，努力培养堪当民族复兴重任的时代新人。

　　强化组织领导，着力把好"方向盘"。成立由校党委书记、校长任组长的课程思政建设工作领导小组，构建学校党委统一领导、党政齐抓共管、部门协同配合、校院两级管理的课程思政建设工作体系，统筹推动学校课程思政教育教学改革工作。出台《全面推进课程思政建设实施方案》《课程思政示范课程建设指导意见》等，进一步细化课程思政建设的指导思想、目标要求、建设内容、重点任务、保障措施等。将课程思政建设列入学校党政工作要点和发展规划，定期开展课程思政建设实施推进情况专项督查。成立课程思政教学研究中心，立项课程思政建设研究项目30项，推动各学院、各学科积极开展课程思政理论研究和教学实践，提炼总结建设经验和模式，不断巩固课程思政建设成果。组建课程思政建设专家指导委员会，从各主干学科选聘22位具有丰富教学经验的专家委员，发挥课程思政建设智库作用，深入研究和准确把握思政工作规律、教书育人规律、学生成长规律，为课程思政教学改革提供指导和咨询。

完善课程体系，着力筑牢"主渠道"。出台《本科人才培养方案管理办法》《本科人才培养方案优化指导意见》，编制《课程思政教学指南》，全面修订课程教学大纲，深入探索培养方案引领、课程群带动、各门专业课程具体落实的课程思政教育教学改革，不断完善课程思政教学体系。召开课程思政建设工作推进会及专题会，开展课程思政建设大讨论，推进"学校—学院—系—专业—课程组"全链条深化课程思政建设的研讨和实践。设立"一院一策""一域一特色""一课一思政"课程思政建设专项，推动各专业基于办学定位和人才培养目标，立足学科视域、理论和方法，将思政元素充分融入课堂教学，努力实现课程思政覆盖所有课程、思政教育覆盖各个培养环节。建设思想政治理论课、通识选修课、专业课、社会实践课"四位一体"的思政教育课程体系，推进红色之旅、交通强国、绿色宜居、美丽乡村等具有学科行业特色的实践育人活动，切实与课堂教学耦合联动。依托校内外实习实践基地，积极拓展实践教学落实课程思政的方法路径，在实训课程中注重弘扬工匠精神、贯通专业伦理和职业道德培养。将生动的抗疫实践"活教材"转化为思政教育"新教材"，校领导带头讲授疫情防控思政大课，教师精心设计"志愿者日记"等主题教学实践活动，实现知识传授、能力达成与价值引导的有机统一。

挖掘思政元素，着力用好"大课堂"。紧密结合学科特色，充分挖掘交通运输、国土资源、城乡建设三大行业领域相关思政育人元素，统筹推进思政课程和课程思政建设。组织校内外教师、行业专家共同参与，以通识教育课程形式，开设"交通强国""地学人与国土文化""绿色建筑与人居环境"3门行业特色课程思政示范课程，深入推进行业文化育人，教育引导学生培育兴业报国之志，进一步激发投身行业、奉献社会的使命感和责任感。结合专业特点，分三批重点建设120门本科课程思政示范课程、49门研究生课程思政示范课程，着力打造涵盖多个学科专业的课程思政示范群。"交通强国""交通运输系统导论""材料前沿讲座"3门课程入选教育部课程思政示范课程，"地球系统科学原理"等10门课程获评陕西省课程思政示范课程，课程思政教学研究中心获评陕西省课程思政教学研究示范中心。

建强教师队伍，着力锻造"主力军"。持续加强教师思想政治工作，修订《加强和改进新时代教师思想政治工作实施方案》，引导广大教师不断增强课程思政建设的思想自觉和行动自觉，努力做"经师"和"人师"的统一者。重视提升教师课程思政育人意识和能力，组织开展入职培训、专题培训、专业研讨、集体备课、比赛观摩等多元化、多层次的学习研讨活动，通过课堂主讲、现场问答、网络互动、课堂反馈、教学实践等方式，引导教师进一步掌握课程思政建设规律和科学方法。发挥省级课程思政教学研究示范中心作用，探索构建广覆盖、常态化、立体式的教师培训体系，积极组织教师参加"高校教师课程思政教学能力培训"，全校已有780余名一线教师及教学管理人员完成培训。搭建各级教学名师、思政课教师与专业课教师广泛参与的交流研讨平台，举办"课程思政教学工作坊"系列活动 8 期，通过专家讲座、会议研讨、专题报告等方式，充分发挥教学名师在课程思政教学改革、教师教学能力提升等方面的示范带动作用。坚持以赛促建、以赛促教，深化思政课"大练兵"活动，举办课堂教学创新大赛、青年教师教学竞赛等，激励引导广大教师积极投身课程思政教育教学改革与创新，努力打造一批教书育人"样板课堂"。

优化服务管理，着力织密"保障网"。从政策引导、经费投入、过程管理、教师培训、经验交流、示范推广、绩效考核等方面，持续完善课程思政建设保障体系。健全经费保障机制，设立专项经费，以项目形式对课程思政建设提供支持，并根据年度考核结果实施动态管理，确保课程思政改革稳步推进、取得实效。完善评价机制，构建"学生、同行专家、督导队伍"共同参与的课程思政评价体系，探索创新评价方法，将价值引领、知识传授、能力培养等目标纳入课程教学评价，并将推进课程思政改革成效纳入各教学单位目标责任管理与绩效考核指标，定期组织开展课程思政建设情况评价，及时督促整改。健全课程思政建设激励机制，把教师参与课程思政教学改革情况和工作成效作为教师考核评价、岗位聘用、评优奖励、选拔培训的重要依据，在教学成果奖、教材奖等各类表彰奖励中突出课程思政要求，充分激发广大教师参与课程思政建设的主动性与能动性，进一步推动课程思政建设提质增效。

（来源：教育部简报〔2022〕第 39 期，有改动）

【拓展与借鉴】

课程思政的现实困境

课程思政改革将高校思想政治教育融入课程教学的各个环节，发挥所有课程的育人价值，构建以思想政治理论课为主渠道、其他学科课程辅助的高校课程思政体系。但对课程思政中的一些深层次问题和难点问题还需要去一一突破，理性审视现实问题，把握分析这些难点问题是有效开展课程思政建设的前提。

传统的惯性思维阻碍课程思政

目前，由于我国大学的课程思政建设体系还不够完善，评价制度还不健全，主要以学生对教师的课程教育评价和自身学习效果评价的单一评价体系为主。有些教师片面地将课程思政理解为加强思想政治理论课的量化，忽略了学生精神成长的主观性、内隐性特征。课程思政是在精神层面体现学科课程的育人价值，在实施过程中需要将课程教学评价和学生学习效果评价延伸至社会主义核心价值观、社会责任感、家国情怀等精神追求维度，结合大学课程的过程性评价、期末评价和主观评价、客观评价等教学评价方式，逐步完善课程评价制度，健全课程评价体系。

学科专业知识教育的侧重点在于"真知识"，而思想政治教育侧重于培养正确的价值取向和人文素养，如何突破传统思维，将专业知识与思想政治教育相互融合，是研究课程思政建设的首要问题。传统的学科专业知识教育过程中继承了理性主义的客观性倾向，追求"求真""求理"的行为规范，过于重视理性，也认为在思想政治教育教学中，定会知行合一，忽略了大学生的主观性和内在情感产生的影响。思想政治教育课程也出现同样的问题，传统思维下预设了只要加强思想政治教育授课，学生就会形成正确的价值取向，提升思想道德素养。但事实并非如此，大学生的思想政治教育并非线性发展，而是一个波浪式前进的过程。针对学生的成长特点，需要制定相应的教育教学目标和方案，调整教育方法，突破传统思维的认识，在课程思政体系指导下，促进学科知识与思想政治教育相互融合。

思政元素碎片化弱化课程思政

思政元素碎片化主要体现在将社会主义核心价值观教育、理想信念教育、社会主义先进文化教育等随机的思政元素碎片植入课程教学中，缺乏系统性的课程设计，没有找准思想政治教育切入点，盲目生硬地搬入学科课程教学中。这种碎片化的思想政治教育元素并没有促进对学生思想道德品质的培养，反而起到无感、抵触厌烦的副作用，不符合课程思政建设的初衷，无法达到课程思政的要求和目标，更加不利于形成完整的课程思政育人体系。课程思政是在各学科课程中挖掘其所蕴含的思政元素，并运用到课程教学过程中，从具体融入内容来看，社会主义核心价值观的融入为整个社会凝心聚力，集中凸显了价值引领的特点。但在实际的操作过程中，由于课程思政对思政元素的选择标准不同，要求我们思考聚焦：学科专业知识中有哪些是思想政治教育理论课无法涵盖的？对于这些无法涵盖的知识我们应该怎样挖掘？挖掘出这些思政元素是否符合大学生思想政治工作的根本遵循？只有进行深刻的反思和研究判断，由浅入深，才能保证课程思政的育人化效果。因此，要坚持思政元素的系统性、完整性，打破思政元素碎片化和学生思维碎片化局面，谋求专业课程与思政元素的协同发展，以顶层设计指导实践实施，形成系统化的课程思政格局，展现其应有的价值。

教师队伍剥离化影响课程思政

教师队伍在课程思政建设中发挥关键纽带作用，这要求课程教师除掌握专业课知识外，还需掌握专业知识所蕴含的社会价值。"要坚持教育者先受教育，让教师更好地担当起学生健康成长指导者和引路人的责任。"在知识传播过程中，教师队伍出现思想政治教育与专业课程教学"两张皮"现象，主要表现为思政课教师有专业的理论知识，但对学生的思想动态、专业结合有所欠缺，教育方式不够接地气，依旧是灌输式地开展思政课程；专业课教师的思想政治教育底蕴欠缺，在上好专业课的基础上，社会价值挖掘不够深刻，理论解析水平有限。

课程思政改革的关键点在教师。教师作为课程思政改革的排头兵和行动者，对课程思政体系建构具有推动作用。当前，在高校课程教学中常见的教学思维依旧是单向灌输、表层教学，将思想政治教育固化为背诵等单向记忆形式，这种教学方式下所传输的思想政治教育必将是空中楼阁，学生无法内化文化内涵。基于课程思政改革的教学理念，教师队伍要将真实的课程思政引入课堂，这就要求教师转变传统的教育思维，将知识传递与品德养成相结合作为课程教学的内在要求，揭示课程知识所蕴含的文化素养和精神追求，实现课程涵养学生精神成长的文化价值。

（来源：《课程思政的价值本源、现实困境与实践进路》，作者：赵浚，高宝珠）

二、进一步强化思政课程教育效果

思想政治理论课程是对大学生进行价值观教育的主渠道。课程思政能够与思政课程携手共进，有效地弥补思政课程教育的不足，"形成具备正确价值领航功能的课程体系"，进而提升大学生价值观教育的整体效应。

（一）更新教育理念

教育理念是"教师在长期教育实践活动中，经过亲身体验和理性思考形成的关于教育本质、规律及其价值的根本性判断和观点"。教师作为人类最古老的职业之一，其神圣使命在于向学生传授人类传承下来的科学文化知识，并进行思想品德的教育。从社会角度来看，教师是人类科学文化知识的传承者和传播者；从学生角度来看，教师是智力的开发者和个性的塑造者。

2014 年，上海市在部分学校开展试点，推出了"大国方略"等中国系列课程。这一举措旨在回应新时代大学生对思想政治教育更高需求的呼声。传统上，思想政治理论课被视为"单兵作战"，但这种方式已经不能满足现代大学生的需求。因此，专业课教师也应积极参与育人工作，与思想政治理论课教师协作，共同推动育人效果的最优化。2016 年 11 月 19 日，在上海市社会科学界第十四届学术年会上，专家们提出了课程思政的教育理念和设计，这一理念的推广成为改变思想政治理论课教学方式的重要举措。课程思政旨在通过各类课程将价值观引导融入教学中，利用课堂作为育人平台，促进学生在学习专业知识的同时，养成正确的价值观和道德修养。

随着课程思政理念的提出和推广，大学生思想政治教育的内涵和外延得到了丰富。课程思政旨在通过将价值观引导渗透到各类课程中，利用课堂这一平台实现育人功能，使专业知识教育与价值观教育得以内在统一。这一教育理念的推广要求专业课教师不仅仅传授知识，还要肩负起育人的使命，在自己所教授的学科和课程中积极培育学生的思想政治素养，通过言传身教影响和引导学生，使他们在掌握专业技能的同时，能够坚定政治立场并提升道德修养。

（二）完善教育方法

"方法是人们为了认识世界和改造世界，达到一定目的所采取的活动方式、程序和手段的总和。"教育方法是教育者在教学实践中为达成特定目标而采用的多种方式和手段的总和。它不仅反映了教育活动中的规律性把握和有意识的应用，还直接影响到教育效果的实现。教育方法作为教育活动中的中介因素，连接了教育者与学生，是实现教育目标和任务的关键工具。

在思想政治理论课程中，传统的直接灌输法主要通过明确的教学目的和简练的语言，公开地传授马克思主义理论和思想政治教育内容。尽管这种方法信息传递高效，但学生可能因其明显的目的性而产生抗拒情绪，难以全然接受。"抽象的理论只有通过思想政治理论课教师深入浅出地讲解，才能够让学生在应有的层次上准确地理解和运用。"为此，课程思政的构建提倡专业课教师通过课程内容和教学方式，隐含地融入价值观教育元素，使学生在知识学习和能力培养的过程中潜移默化地接受和理解价值观，从而实现更为持久和深入的教育效果。教育方法的创新和选择不仅要基于教育目标和任务的需求，还需紧密结合新时代的社会背景和学生的实际情况。通过不断探索和实践，教育者可以有效地调整和优化教育方法，以适应不断变化的教育环境和学生的多样化需求，从而达到更为有效和全面的教育目标。

（三）强化教育实践

实践是马克思主义认识论的基础，也是人类进行自我教育的重要途径之一。特别是对于大学生而言，实践不仅是他们成才成人的必经之路，还能促进他们对专业知识的深刻理解，并使他们意识到学习的真正目的在于为社会服务，进而增强其社会责任感。实践活动不仅是课堂教育的有益补充和延伸，更是高等教育中不可或缺的一部分。"作为课堂专业理论教育的进一步延伸和素质教育的重要载体"，它对于提升大学生的思想道德素质和科学文化素质具有重要作用。

思想政治理论课是大学生思想政治教育的主要渠道，其理论教育的重要特点之一是有计划、有目的地引导学生接受马克思主义与思想理论教育，帮助他们树立正确的世界观、人生观和价值观。然而，在教育实践中，尤其是针对在校大学生这一庞大群体，要开展丰富多彩的社会实践教学活动并非易事。在这种情况下，虽然思想政治理论课教师努力将理论教育与实际生活联系起来，但由于教育实践不足，很多学生对理论知识和价值观的理解可能不够深刻，教学的实效性也难以达到最佳状态。课程思政的建设正是为了弥补这一不足。它要求专业课教师积极挖掘各类课程中的思想政治教育资源，将大学生的价值观教育从课堂延伸到课外实践中。通过这种方式，学生能够在实践中深化对理论的理解，与思想政治理论课的教育目标相互支持，进一步拓展了思想政治教育的载体和途径。这不仅提升了教育的全面性，也增强了学生在实践中的综合素养和社会责任感。

【拓展与借鉴】

北京航空航天大学专业课讲出思政味　思政课讲出专业情

近日，在学校思想政治理论课教师座谈会召开两周年之际，北京航空航天大学 2021 年春季学期"党史导学""四史导学"专题思政课首讲开讲。

这不是北航第一次开设专题思政课。为回答重大理论时政问题，北航先后开设了"大国领袖"专题思政课、"战疫"专题思政课、"百年变局与青年使命"专题思政课，覆盖数万学生，"四史"专题思政课也将于今年秋季学期面向全校开设。

"北航坚持让专业课讲出思政味，思政课讲出专业情。"北京航空航天大学党委书记说。在北航，思政课与专业课不是不相交的平行线，而是交相呼应、同向同行，共同编织出北航课程育人的多彩画卷。

用思政元素点亮专业课

北京航空航天大学有一门人尽皆知的课，就是与北航同龄、有近 70 年历史的"航空航天概论"课。这是北航每年近 4000 名本科生的必修课。

"航概"课是北航课程思政的典范，这门课厚植空天报国情怀，知识线、思政线齐头并进，实施情怀化、实物化、系统化教学方法，形成了近百个思政案例，覆盖所有章节和教学环节。

"在他们三观形成的关键时期，将波澜壮阔的航空航天发展历程、中国故事、北航故事结合'航概'知识点有机融入，用航空航天精神、家国情怀激发学生探索航空航天的兴趣，树立远大的理想和抱负。"课程负责人杨超教授在谈到这门课程的定位时说。

专业课程的思政元素不会自动呈现，而是需要专业教师在精通专业发展史、学科建设史、知识变迁史的基础上，深入挖掘，像构建知识体系那样把思政元素整合起来，使课程中的思政元素成为专业教学的兴奋点和创新点。

近年来，北航加大课程思政建设投入，把课程思政作为一流本科课程建设的重要内容，将课程思政作为青年教师讲课比赛、教学成果奖励申报、教学名师评选的参考指标。

2018年，北航启动首批3门课程思政建设试点，2019年试点课程扩展到13门，2020年试点课程又扩展到45门，实现了全校各学院、各专业课程思政试点全覆盖，每个学院至少有一门课程思政示范课。

把专业情怀融入思政课

"太震撼了！"北航知行书院2020级学生李骄娴说，这样的思政课完全超出了她的预期。

2020年秋季学期，北航在全校两个书院试点开设"习近平新时代中国特色社会主义思想概论"课，获国家科技进步一等奖的北航无人机团队王养柱研究员、获国家技术发明一等奖的北航电磁兼容技术研究团队李尧尧副研究员走进课堂，为大一学生讲授"科技创新与使命担当"。

"这是一次大胆的教学改革，这表明专业课中的思政元素不仅可以为专业课所用，也可以成为思政课的鲜活素材。大发明、大团队、大科技的引入，一改往日思政课教学逻辑和话语体系，让专业课的思想火花点亮思政课堂。"北航马克思主义学院院长赵义良认为，课程思政在激活思政元素的同时，也使更多专业元素有机会融入思政课程。

"北航80%以上的学生是理工科学生，对他们来说思政课不能只是'顶天'的宏大叙事，更需要'立地'的具体事实。"马克思主义学院青年教师付丽莎把"两弹一星"元勋故事、科技战线英模故事、北航杰出校友故事、北航学生创新故事融入思政课教学，以北航精神讲中国精神，融情于理，润物无声。

"以专业发展的筚路蓝缕讲述中国道路，以专业领域的辉煌成就坚定'四个自信'，以专业英模的感人事迹引领青春梦想，以专业前沿的重大问题激发创新担当。"赵义良这样解释北航的思政课如何讲出专业情。

思政课程与课程思政同向同行

"协同攻关"是北京航空航天大学的优良传统，如何让思政课程与课程思政携手同行，北航又发扬了这一优良传统。

党委书记为万名新生讲"开学第一课"、为全体新进教职工讲"入职第一课"，校长为本科生讲授"航空发动机材料概论"课，将航空报国融入专业课程……

在北航，学校领导听思政、讲思政是常态。北航成立了思政课程与课程思政建设工作小组，党委书记、校长任组长，专门制定了新时代思政课改革创新、课程思政建设、课程思政与思政课程融合发展等实施方案和指导意见，让改革创新有目标、有抓手。

集体研究、集体备课是推进北航课程育人的重要方式之一。示范课负责人、思政课教师、学生工作队伍集体研究，共同编写理论参考资料；学生工作队伍加强交流，示范课教师、思政课教师参与专业课教师集体备课。

办好思政课，关键在教师。与往年每年新增教师一两人相比，2017 年以来，特别是 2019 年学校思想政治理论课教师座谈会召开后，马克思主义学院新进教师数量大幅增加，2019年新增 9 名，2020 年新增 12 名。目前马克思主义学院教师共48 名，生师比大大改善。

在这些教师中有许多"80 后"的年轻教师，他们来自不同学科专业，这种多元化的知识背景不仅没有成为思政课教学的障碍，反而成为把思政课讲出专业味的优势。

育人者先受教育。北航设立教师"学习日"，通过政治学习、社会调研、榜样宣讲、专业研讨，提高专业课教师理论修养及课程思政的能力，为"课程门门有思政"奠定坚实基础。

"最终做到课程门门有思政、教师人人讲育人，形成专业课程教学与思政课程教学紧密结合、同向同行的课程育人格局。"

（来源：2021 年 3 月 26 日《中国教育报》）

三、推进课程思政与思政课程同频共振

（一）落实高等院校立德树人根本任务

立德树人的观念在当前中国高等教育中具有重要意义，不

仅对个人发展至关重要，也对整个社会的进步起到关键作用。崇德修身被视为做人做事的首要原则，强调每个个体必须明大德、守公德、严私德，才能充分发挥自身才能。自 2006 年起，立德树人被提升为教育的核心任务，尤其是在党的领导层面，习近平总书记多次强调其在高等教育中的重要性。2016 年，习近平总书记在全国思想政治教育工作会议上进一步深化了对立德树人概念的解读，将其视为高等教育的中心环节和大学生立身之本，这标志着立德树人理念在新时代的新定位和新境界。

过去，立德树人主要从个体维度出发，但自党的十八大以来，习近平总书记逐渐将其视野拓展到集体维度。他将"德"分为大德、公德和私德三个层面，指出国家与社会之德即为大德，公民与公共之德即为公德，而家庭美德与个人品德则属于私德。在集体维度上，高等院校要积极贯彻党的教育方针，坚持以马克思主义为指导，坚持社会主义办学方向，这是实现立德树人的关键所在。在这一背景下，课程思政建设成为实现立德树人根本目标的重要途径之一，要求从个体和集体两个视角出发理解立德。

高等院校承担着将中国从人口大国转变为人才强国的重要责任。在新时代，面对社会思潮的激烈交锋和大学生易变性的挑战，立德树人工作显得尤为重要和复杂。课程思政建设要求教师不仅要在教学中传授知识和培养能力，更要引领学生的思想观念和价值观，将立德树人理念贯穿教育全过程。此外，各学科、各专业的课程也要为立德树人服务，与思想政治课同样具备塑造价值观和培养精神的潜力。因此，课程思政建设通过促进各学科的发展和专业目标的实现，与思政课程共同努力，为实现立德树人根本任务贡献力量。

（二）促进知识传授与价值引领相统一

在中国高等院校，长期以来，专业课教学偏重于知识传授，而忽视了对学生的价值引领，这导致教书与育人的分离现象。教师作为最古老的职业之一，其使命是受社会委托对学生进行专业教育。苏霍姆林斯基等教育家强调，教师不应将知识简单地灌输给学生，而是要通过教育过程引发学生内心的深刻感悟，使知识在学生心中产生真正的价值。

在课程思政建设中，专业课教师有责任将思想教育纳入教学的核心任务，将塑造全面发展、德才兼备的健全人才作为职业导向。这要求专业课教师不仅要传授专业知识和技能，还要引导学生树立正确的价值观。然而，目前在实际教学中，各门各类课程与思政课程之间的协同互动还不够密切。课程思政的提出丰富了大学生思想政治教育的内涵和外延，但要实现有效的教育实践，需要专业课教师积极开发和整合各学科、专业课程中的思想政治教育元素，确保教育教学活动能够有机统一知识传授与价值引领。在实践中，专业课教师可以通过以下方式强化教书与育人的内涵建设：首先，积极开发课程中潜藏的思想政治教育资源，例如在案例分析、实践项目中融入伦理道德、社会责任等议题；其次，注重言传身教，通过自身的言行榜样影响学生，使其在专业技能学习过程中领会正确的人生态度和价值取向；最后，创新教学方法，如启发式教学、案例讨论等方式，引导学生在专业知识的学习中进行思想认知和情感体验，从而形成良好的学习态度和行为习惯。专业课教师将发挥专业课程的育人功能作为一项基本要求，将思想政治教育渗透到教学过程中，"以自己的言行感染学生"，注重言传身教，注重教学方法创新，引导新时代大学生在知、情、意、信、行等方面作出正确的判断与选择，从而促进专业课程与思政课程的协同共进。

（三）推动新时代大学生全面健康发展

党的十八大以来，中国特色社会主义进入新时代，我国经济社会发生了质的转变，迎来了从站起来、富起来到强起来的飞跃，这表明科学社会主义在 21 世纪的中国彰显出强大的生命力和号召力，意味着"为解决人类问题进一步贡献了中国智慧、提供了中国方案"。在这一背景下，大学生的全面健康发展对党和国家事业的重要性显而易见。这种发展涵盖了多个维度，包括才能、志向以及道德品质等方面。习近平总书记高度重视人才培养工作，强调要处理好育知与育德的辩证关系。在这个过程中，"知"的传授应当服务于"德"的培养，因为真正的知识应当能够促进个体道德和品行的提升。课程思政建设要求专业课教师从更广泛的视角理解和实践"德"的概念。不仅要传授专业知识，还要引导学生在专业学习中体会和实践正确的价值观。课程思政的核心在于将专业教育与思想政治教育有机结合，打破二者之间的隔阂，共同推动大学生在知识和德行上的全面发展。

因此，专业课教师在课程设计和教学实践中，应当意识到教育的终极目标是培养全面发展的人才，既要注重知识逻辑的传递，也要重视价值逻辑的引领。只有通过科学合理的教学方式和内容设置，才能有效促进学生的综合素质提升，为他们的成长和社会发展作出更大的贡献。

【拓展与借鉴】

各高校以"七一"重要讲话精神为指引
推动思政课程与课程思政建设走深走实

在党史学习教育中，各高校扎实做好习近平总书记"七一"重要讲话精神的学习研究宣传阐释，汲取思想伟力，把握内涵精髓，用好课堂"主渠道"，发挥教学"主引擎"，建强思政课程和课程思政，大力推动"七一"重要讲话的新思想新观点新论断进教材、进课堂、进头脑。

加强课程设计，在提高教学质量上下力气。各高校集聚学科优势和师资力量，发挥骨干教师的带动作用，广泛组织领学导学和集体备课，把"七一"重要讲话精神作为核心内容全面反映、深度融入到相关教学章节中，修订完善教案，丰富教学内容，不断提升教学的时代性和针对性。南开大学、武汉大学、华中师范大学等高校发挥全国重点马克思主义学院示范引领效应，组织思政课教师集体备课，邀请"马工程"专家、教指委委员等深入指导，将"七一"重要讲话精神有机融入各门课程、各专题教育教学。中国农业大学与人民网全国高校"数字马院"联盟共同主办虚拟教研室集体备课会，围绕"将伟大建党精神融入思政课教学"主题，开展线上集体备课。重庆大学依托重庆红色资源，将红岩精神纳入思政课教育教学体系中，着力打造思政"金课"。对外经济贸易大学、东北师范大学、中国海洋大学等高校举办联学联研活动，通过教材深研、集中研讨，推动"七一"重要讲话精神"三进"出真招、见实效。陕西师范大学将"七一"重要讲话精神融入公费师范生特色思政课"理想信念与卓越师范人才培养——《习近平的七年知青岁月》导读",着力培养立志扎根西部的"四有"好老师。华中农业大学组织开展"七一"重要讲话精神专题式研究、团队式备课、点单式宣讲,坚守"三农"底色,强化"农科+"特色,突出"生命"原色。中央财经大学组织辅导员录制"永远跟党走"微课、原创"忆说百年"歌曲MV,以"小故事、大时代,小切口、大视野"生动宣传阐释"七一"重要讲话精神。

加强队伍建设,在提升育人水平上下力气。各高校坚持教育者先受教育,深化教师定期理论学习制度,组织以学习贯彻"七一"重要讲话精神为重点的培训研修和学术交流,通过教学基本功大赛、精品课观摩、案例分享等多种形式,强化示范引领,不断提升教师队伍育人能力和水平。清华大学推出"同行锦囊"133篇,将"七一"重要讲话精神融入"1+X"课程思政系列培训与青教赛示范课巡讲,提升教师开展课程思政的能力。中南大学组织院士、专家教授率先垂范,开设"七一"重要讲话精神示范课程,发挥课程思政建设标杆作用。大连理工大学、中国地质大学(北京)等高校举办思政课程与课程思政专题培训班、课程思政示范课建设与教学设计专题工作坊,组织教师开展专题学习,拓展将"七一"重要讲话精神融入思政课程与课程思政的具体途径,帮助教师讲好讲活讲透党的创新理论。北京邮电大学、中央美术学院等高校设立课程思政建设专项,举办教学案例展,在交流互鉴中将"七一"重要讲话精神的学习研究融入教师成长"全生命周期"。中国石油大学

（北京）开展青年教师教学基本功比赛，分专题围绕"七一"重要讲话精神讲授，提高青年教师教学能力和业务水平。

加强机制创新，在形成协同效应上下力气。各高校坚持顶层设计和基层探索相结合，将"七一"重要讲话精神贯穿课程建设全过程，推动思政课教师和专业课教师协同攻关，实现学科互补、优势叠加、紧密融合，不断推进思政课程与课程思政同向同行。天津大学构筑"思政课程＋课程思政"协同育人体系，建立思政课教师与专业课教师结对共建机制，共同挖掘"七一"重要讲话精神蕴含的丰富元素，实现价值塑造、知识传授和能力培养的深度融合。北京航空航天大学将"七一"重要讲话精神纳入"四史导学"专题思政课，充分体现"思政课程、课程思政与学生工作"三者的有机融合，共绘育人"同心圆"。西北工业大学、东华大学、江南大学等高校制定全面深化课程思政建设的实施方案，明确校院两级党委思政工作责任制，统筹推进思政课程改革创新与课程思政建设。北京化工大学建立"五位一体"课程思政体系，成立"北京化工大学——人民网文化在线课程思政教学研究中心"，将研究宣传阐释"七一"重要讲话精神与专业课程中的思政元素充分结合、协同发力。北京语言大学制定落实《习近平新时代中国特色社会主义思想"三进"实施方案》，将"七一"重要讲话精神的思想内涵、核心要义科学融入人才培养全过程。中国药科大学成立"课程思政教学研究中心"，与教育部"三全育人"综合改革试点院系建设形成联动机制，在制度层面、标准层面、操作层面上提出课程思政建设"三阶段"总体规划。北京林业大学成立"5分钟林思考"课程思政工作室，就"七一"重要讲话精神融入课程思政开展专项建设，由9支重点团队组成，形成课程思政群体效应。

（来源：教育部网站）

【拓展与借鉴】

全面推动高校课程思政建设提质提速

从全国高校思想政治工作会议到全国教育大会，再到学校思想政治理论课教师座谈会等重要会议，习近平总书记有关高校思想政治教育的一系列重要讲话，为推进高校课程思政建设工作指明了前进方向、提供了根本遵循。《高等学校课程思政建设指导纲要》（以下简称《纲要》）的发布可谓恰逢其时，它是对习近平总书记有关开展好高校思想政治教育重要指示的具体落实，为高校开展好课程思政勾勒了清晰的行动指南，让高校课程思政建设有了详细的施工图。

全面推动高校课程思政建设提质提速，需要推动思政教育与专业教育之间的深度融合。习近平总书记指出："要用好课堂教学这个主渠道，思想政治理论课要坚持在改进中加强，提升思想政治教育亲和力和针对性，满足学生成长发展需求和期待，其他各门课都要守好一段渠、种好责任田，使各类课程与思想政治理论课同向同行，形成协同效应。"这一指示高屋建瓴地指出，要让思想政治理论课与其他各门课之间形成育人合力。全体高校教育工作者要明白，做好思想政治教育工作，需要每一位教师牢固树立对学生进行思想政治教育的行动自觉，并利用好课堂这块主阵地，充分挖掘每一门课程背后蕴含的思政元素，把思想政治教育渗透到教育教学的每一个环节，真正实现全员、全过程、全方位育人。

全面推动高校课程思政建设提质提速，需要努力提高专业教师课程"思政"融合能力。课堂是育人的主阵地，专业教师是实现这个阵地育人效果的关键。专业教师在课程思政方面的主动性、创造性决定着学科育人的实际效果。这就依赖专业教师能够充分了解专业特点，并超越过去单一的专业学习，把价值塑造融入到知识培养和能力塑造之中去，努力实现专业教育和思政教育的有机融合，协同发力。"思政"与"课程"的关系恰似"如盐化水"，完全可以有机融合、有效协同。从课堂到宿舍、从线下到线上，思想政治工作可以深入到学生校园学习和生活的各个环节。让思政融入专业课程，实现课程思政全面、深入铺开，正是新时代高校思想政治工作的密钥。这将全面推动习近平新时代中国特色社会主义思想"三进"，把"三全育人"落到实处。

培养什么人、怎样培养人、为谁培养人，这是新时代中国高等教育必须回答好的根本问题。青年学子肩负着国家的未来和民族的希望，将立德树人贯彻到高校课堂教学全过程，全面推动高校课程思政建设提质提速，构筑育人新格局，是新时代中国高校思政工作的重大任务之一。各高校要学深弄透《纲要》精神，并在教育教学工作实践中认真予以贯彻落实，将思政工作融入人才培养各个环节，全方位构建好"大思政"的系统工程，真正肩负起培养中国特色社会主义合格建设者和可靠接班人的重大使命。

（来源：2020 年 6 月 6 日《中国教育报》）

参考文献

[1] 高宁，王喜忠.全面把握《高等学校课程思政建设指导纲要》的理论性、整体性和系统性 [J].中国大学教学，2020(9):17‑22.

[2] 谭妤晗，李峰.对大学生学习习近平新时代中国特色社会主义思想的思考 [J].学校党建与思想教育，2020(24):83‑84.

[3] 邱杰，张瑞，左希正.大学生政治认同教育研究 [J].社会科学家，2014(7):114‑117.

[4] 张驰，王燕.对大学生政治认同教育的几点思考 [J].学校党建与思想教育（高教版），2018(4):3.

[5] 邓艳葵.民族院校大学生爱国主义教育研究 [M].南宁：广西人民出版社，2013.

[6] 刘霞.对新形势下大学生道德教育的思考 [J].学校党建与思想教育，2019(1):89‑91.

[7] 张耀灿，陈万柏.思想政治教育学原理 [M].北京：高等教育出版社，2001.

[8] 李凤芹.关于高校开展社会公德教育的思考 [J].教育与职业，2015(29):58‑60.

[9] 邹秀春，杨良子.新时代大学生社会公德状况调查与分析 [J].学校党建与思想教育，2021(3):44‑47.

[10] 武晓华.加强大学生职业道德教育的若干思考 [J].思想理论教育导刊，2014(2):4.

[11] 孙苏奎.大学生的职业道德养成教育 [J].教育评论，2014(11):102‑104.

[12] 李晓兰，刘雨姝，车丹.论大学生个人品德建设的四个维度 [J].思想政治教育研究，2014(4):108‑111.

[13] 曹孚.外国教育史 [M].北京：人民教育出版社，1979.

[14] 陈先达.理论自信：做坚定的马克思主义信仰者 [M].长春：吉林人民出版社，2016.

[15] 习近平.把思想政治工作贯穿教育教学全过程 开创我国高等教育事业发展新局面 [N].人民日报，2016‑12‑09(1).

[16] 杨晓慧.高等教育"三全育人"：理论意蕴、现实难题与实践路径 [J].中国高等教育，2018(18):5.

[17] 陈文婕，余达淮.提升新时代高校思想政治理论课程质量的三个问题 [J].江苏高教，2019(7):110‑114.

[18] 王作亮，张典兵 . 教育学原理 [M]. 徐州：中国矿业大学出版社，2015.

[19] 陈万柏，张耀灿 . 思想政治教育学原理：第三版 [M]. 北京：高等教育出版社，2015.

[20] 张子睿，卢彤 . 思想政治教育实践育人理论与对策研究 [M]. 北京：经济日报出版社，2019.

[21] 龚志宏 . 关于新形势下高校一体化育人队伍素质培养的思考 [J]. 学校党建与思想教育，2013(25):71 – 72.

[22] 习近平 . 习近平谈治国理政：第 2 卷 [M]. 北京：外文出版社，2017.

下篇

探索·实践

我国高等教育肩负着培养德智体美全面发展的社会主义事业建设者和接班人的重大任务，必须坚持正确政治方向。高校立身之本在于立德树人。只有培养出一流人才的高校，才能够成为世界一流大学。办好我国高校，办出世界一流大学，必须牢牢抓住全面提高人才培养能力这个核心点，并以此来带动高校其他工作。

——习近平总书记 2016 年 12 月 7 日在全国高校思想政治工作会议上的讲话

第四章
课程思政引领教育回归初心和使命

第一节 课程思政建设须打破三个误区

为深入贯彻落实习近平总书记关于"使各类课程与思想政治理论课同向同行，形成协同效应"的要求，许多高校启动课程思政建设。但在实践过程中出现了课程思政建设泛化、思政元素与专业知识结合机械化、建设的课程标签化等现象。为此，我们必须打破思想藩篱，走出实践误区，回归中国特色社会主义教育的初心和使命，解答新时代的新命题。

一、要打破课程思政是思政课程同义转换的误区，实现思想政治教育功效的系统性延展

思政课程是以思想政治教育为主要内容和主要目标的课程，在高校直观表现为思想政治理论课。课程思政则是挖掘各门课程中所蕴含的潜在思想政治教育资源，使课程本身具有一定的思想政治教育功能，是全部课程人才培养任务的正本清源，是对各门课程立德树人效能的不断发掘。推进课程思政建设，有利于营造良好的思想政治教育氛围，解决思想政治教育与专业教育脱节的问题。

课程思政建设过程中要充分调动任课教师的积极性和能动性，自觉地将思想政治教育纳入教学内容及目标中，让学生在各类课程的学习中增强对中国特色社会主义的道路认同、理论认同、制度认同、文化认同。

二、要打破课程思政是思政元素简单嵌入各门课程的误区，实现思政元素与课程内容的有机融合

推进课程思政建设，必须将思政元素与课程内容进行必要的结合。这种结合不是嵌入式结合，而是要在"大思政"的育人格局下，使其发挥"1+1>2"的整体效用。这是一种生态重构，是一种精细的浸润式的隐性教育，而不是粗放的漫灌式的显性教育。推进课程思政建设，必须坚持以专业课程为载体，不能将专业课上成思想政治理论课，也不能让课程仅仅停留在知识传递的层面，要努力实现知识传授与价值引领的有机结合。

在课程设计和教学过程中，授课教师要对所授内容深入分析，提炼出本学科、本专业、本课程的科学精神、价值取向以及伦理规范，将课程的思想性和价值性表现出来，让学生在各类课程的学习过程中潜移默化地提高自身的思想水平、政治觉悟、道德素质和文化素养，实现学生的自由全面发展。

三、要打破课程思政是对各门课程知识传授和能力培养功能消解的误区，实现全部课程的价值彰显

课程思政要将被遗忘和被忽略的育人向度从每一门课程中发掘出来，这不是对各门课程知识传授和能力培养功能的消解，而是对其价值的进一步彰显。在当前的教学中，教师往往陷入两个误区：一是把立德理解为机械的道德输出和简单的价值传递，认为接受思政课程的理论教育就是完成了立德的任

务；二是片面追求学科知识的所谓"客观、中立与价值无涉"，认为学科课程应该坚持"绝对的客观"，而不去发掘学科知识所蕴含的精神价值。实际上，每一门学科的发展都反映着勇于追求真理的探索精神，每一个科学发现都反映着敢于质疑权威的创新精神，每一项技术发明都反映着推动社会发展进步的责任意识。

广大教师要积极主动挖掘各门课程中所蕴含的价值与精神元素，并在教学实践过程中隐性地传授给学生。教师要立足课程自身的特点，把深藏于知识表层符号、内在结构之下的人文精神与价值意义发掘出来，在对知识的解释中、对世界的描述中，将内含的精神和价值外化为教学实践，内化为学生的精神涵养和价值追求。

【拓展与借鉴】

"做人当如混凝土，铸就钢筋与铁骨"
——"混凝土结构设计原理"课程思政建设
授课教师：东北大学 康玉梅

结合新时代高质量人才培养要求、学校培养精英人才的办学定位、土木工程专业与国计民生紧密相关的特色和培养"在未来基础建设领域起领军作用的复合型高级人才"的目标，课程围绕"如何设计混凝土结构、如何成为全新土木工程师"的核心任务，以"做人当如混凝土，铸就钢筋与铁骨"为课程灵魂，培养学生科学的思维方法、精益求精的工匠精神，激发学生科技报国的家国情怀和使命担当，成为"做人当如混凝土"

和"为国奉献钢筋铁骨"的高素质人才。

1. 精准挖掘，绘制课程思政元素地图

深入挖掘课程思政元素。一是挖掘混凝土结构设计中蕴含的思维方法，筑牢学生思维能力之基。二是分析土木工程中的伦理问题，树立正确的工程观。三是融入工程技术中的文化要素，与"混凝土"搅拌在一起，为学生筑起"道器合一"的"承重墙"。四是讲好"中国建造"故事，用"钢筋混凝土"铸造学生的土木魂、中国心。

加强建设课程思政资源。一是围绕专业知识点从知识获取、能力培养、拓展外延和创新思维四个层次搜集和组织知识、思政、应用、科研前沿、创新素材。二是建设包含中国古代优秀土木工程案例库、近现代超级工程案例库、学科典故库、专业创新案例库、工程伦理案例库等课程思政素材库。三是依托教育部"土木工程专业课程思政研究虚拟教研室"、中国大学MOOC和"砼学同学"公众号，交流互鉴，共建共享教学资源。

2. 精心设计，绘制课程思政建设施工图

"三谱合一"，重构课程知识链条。一是分清"材料－截面－构件－结构"四个层次、抓住"结构方案－内力分析－截面设计－构件设计－结构设计－施工方案"和"试验现象－试验规律－分析模型－计算公式－工程应用"两条主线重构立体交错的知识链条。二是面向技术进步和行业发展，拓展适应行业与学科发展的新内容（碳中和、再生混凝土等）。三是通过不同知识链的关联，以知识传授为内核，能力培养为路径，彰显价值塑造之意蕴，实现课程知识图谱、能力图谱和

素质图谱"三谱合一"。

"BEACON"模式，设计课程思政路径。该模式以拓展（broaden）、挖掘（excavate）、关联（associate）、架构（construct）、优化（optimize）和涵育（nourish）六个前后衔接的环节为核心内容，将思政教育贯穿教学全过程，激活课程的价值属性，涵育学生的精神世界。

"融合式导学"，创新课程教学形态。将传统课堂要素通过教学模式、课程设计的改变来实现互动式和以学生为中心的课堂呈现，进而将信息技术与教育、教与学、教师与教师、学生与学生融合在一起。线上和线下相结合，设计了自主学习、小组学习、课堂面授三个学习阶段，将思政元素丝滑融入教学全过程。其中，小组学习阶段，布置"星火燎原"挑战性课题，如"'双碳'目标背景下如何进行绿色建筑结构设计"，让学生在讨论中发现问题、解决问题，点燃和放大学生的创新火花。

3. 精妙提炼，绘制课程思政融入策略详图

以"情理贯通、学理兼备、循序渐进、润物无声"为目标，遵循黏性语言模式，深化讨论式、探究式、案例式等教学方法，创新设计全新工程师思维内化路径，选用画龙点睛式、专题嵌入式、元素化合式、隐性渗透式等课程思政融入策略，提高课程教育的价值黏性和引领作用。

此外，拓展多元课程思政融入绿色通道。一是搭建了面向社会的慕课资源共享平台，在课程录制、专题讨论、作业测试等环节充分融入思政元素；二是创建了"砼学同学"微信公众平台，发布课程思政作品精选；三是构建了实践育人平台，开展参观、讲座、竞赛、科研训练等教学活动，触发学生自悟式成长。

第二节　课程思政建设必须厘清三个内在规定性

课程思政作为一种思想政治教育过程，必然要遵循和符合思想政治教育的一般规律，其中，"各类课程与思想政治理论课同向同行"是课程思政建设的基本要求，"形成协同效应"是推进课程思政建设的目标指向。习惯意义上的思想政治教育，就是指"社会或社会群体用一定的思想观念、政治观点、道德规范，对其成员施加有目的、有计划、有组织的影响，并促使其自主地接受这种影响，从而形成符合一定社会一定阶级所需要的思想品德的社会实践活动"。由此可见，若要正确回答好课程思政是什么的问题，就必须厘清课程思政的主体、内容和目标的内在规定。

一、主体规定：以坚定的政治立场承担育人使命

课程思政要求高校教师在教学设计中把思想政治教育放在突出位置，深入分析课程内容，善于运用马克思主义的立场、观点和方法来发现问题、分析问题、解决问题，在教学的各个环节引导学生树立正确的世界观、人生观和价值观。对于教育主体而言，只有当教师自身真正理解、信仰和践行马克思主义时，才能在教学中有效地开展思想政治教育。因此，教师必须加强政治理论学习，认同思想政治教育的内容，明确政治立场，加强理论修养，努力做到政治强、情怀深、思维新、视野

广、自律严、人格正，把爱国情感、社会责任、理想信念、职业道德等内容传授给受教育者，不断提高学生的思想政治素质，引导学生自觉培育和践行社会主义核心价值观。

再者，教师必须加强师德师风建设，坚持"以德立身、以德立学、以德施教"，在教学中充分发挥教师的道德魅力与职业精神，通过以身示范与言行感染，帮助学生树立崇高的人生理想，努力把学生培养成为担当民族复兴大任的时代新人。

二、内容规定：以多维的课程设计彰显价值属性

"大学课程不仅仅是追问其范围的解释之学，更是规范人的价值之学。"教育是一项面向人、为了人的工程，绝不仅仅是某种知识的灌输与转移，而是要在知识和技能的培养过程中将某种精神与某种价值传递给受教育者，因此，教育的价值中立在本质意义上是不存在的，而且在这个意义上讲，科学家是有国界的，科学技术也是有国界的。在新时代强调推进课程思政建设，是对教育本质的解蔽与重识，是要将教育内容从知识维度、能力维度深入到价值维度，这是向教育初心回归的必然选择。

作为教师，要在设计课程内容时不断丰富教学维度，重视对课程思想政治教育功能的运用，将思想政治教育元素融入授课计划之中。这意味着要对课程内容进行深度开发，对课程进行整体科学架构，努力提炼教学内容中的思想政治教育资源，使课程不仅要实现学生对知识积累、能力提升的需要，还要有针对性、有计划性地对学生的道德理念、价值观念进行引导。

蕴含在课程中的思想政治教育资源，不是生硬地从思想政治理论课中移植过来的，也不是要消解专业教育的原有目标，而是要在坚持立德树人的基础上，立足课程的自身特点，对课程进行深度开发与深层设计，充分挖掘专业知识所蕴藏的人文精神与科学精神，激活各类课程的价值属性，涵育学生的精神世界。所以，课程思政建设不能追求统一模式，不能确定同一指标，更不是新增几门课程，必须注重多样化、追求个性化、遵循渐进性。

三、目标规定：以深刻的思想体悟培育时代新人

课程思政的一大优势在于，它能让学生在学习各种知识的过程中潜移默化地接受思想洗礼和情感陶冶，更好地实现自身思想素质和政治水平的不断提高。在这一过程中，教师必须坚持立德树人目标，坚守"一棵树摇动另一棵树，一朵云推动另一朵云，一个灵魂唤醒另一个灵魂"的教育情怀，以情动人、以理服人，以对教育的热爱和对学生的关爱拉近与学生之间的情感距离，在润物无声、化育无形的过程中增强思想政治教育实效。

教育不是培养"知识的存储器"和"移动的工具箱"。课程思政就是要在课程目标设计中融入思想政治教育内容，找准关键、突出重点，努力让学生形成符合本学科的科学精神和研究态度的同时，成为"价值理性视野下人格健全、品行端正的'自由人'"。所以，课程思政不能片面地推崇"唯量化"评价，而是要将教育教学向理想信念教育、学术能力培养、社会

责任培育等多向度延伸，培养一批批"有理想、有本领、有担当"的新时代大学生，使他们成为担当民族复兴重任的排头兵和主力军。

课程思政对主体、内容和目标的内在规定决定了其不是一项"口号化""标题化"的"面子"工程，而是新时代对全体教育工作者增设的一门"必修课"，是加强和改进新形势下高校思想政治工作的"突破口"，是对中国特色社会主义教育事业的一次"寻根"工程，是一项系统性、长期性、复杂性、专业性集于一身的"正本"工程，是确保中国特色社会主义行稳致远的"筑基"工程。

【拓展与借鉴】

突破"小我"建立"大我"
——"心理学"课程思政建设
授课教师：东北大学 陈红兵

基于东北大学"在中国新型工业化进程中起引领作用"办学定位，结合人文科学类专业培养"具有人文精神和社会责任感的复合、创新型人文科学人才"要求，挖掘"心理学""人本"精神特质，将本课程思政建设目标定位于培育"大我"观，即帮助学生突破"小我"建立"大我"，在自爱基础上生发家国大爱。本课程提出了"本体论－价值论－方法论递进式"课程思政建设模式，从本体论层面高度理解课程思政的本质与内涵，从价值论层面深度挖掘课程思政建设动力，从方法论层面务实探索课程思政建设方法路径。

1.课程思政本体论把握

依托课程团队成员兼具思政课和专业课教师双重身份优势，通过辨析专业课程、思政课程和课程思政三者的关系划定课程思政边界，深入理解和把握课程思政究竟是什么。

2.课程思政价值论审视

教师从事课程思政的主动性、积极性和创造性是课程思政实效性的保证，提升教师的课程思政建设能动性非常必要。只有充分认知和感知课程思政的价值，才能心悦诚服地认同课程思政建设。因此，应从课程思政与国家教育方针的宏观层面、课程思政与学校的办学定位、课程思政与本专业的培养目标等层面学习和领悟课程思政价值和意义，以提升教师内在动机。

3.课程思政方法论构建

课程思政的实践性特质决定了课程思政方法论的重要性。课程思政方法论主要在于认识课程思政如何可能以及怎样做的问题。

第一，析出课程思政目标和元素。

从"心理学"课程的知识点出发，去探寻各个知识点蕴藏的思政价值，结合教学对象年龄、专业和年级现状，综合考量整门课的各种思政价值，筛选提炼本门课程的核心思政目标和次级课程思政目标，架构知识点与课程思政目标关系。

第二，确立课程思政教学原则。

在遵循一般教学原则基础上，确立课程思想的特殊原则，在教学内容上坚持"实际、实在、实效"的"三实"原则，在教学策略上坚持"精确、精通、精彩"的"三精"原则，在教学思路上坚持"历史思维、辩证思维、系统思维、创新思维"

的"四思"灵活运用原则等。

第三，编制教学方案。

按照成形的知识点与课程思政目标关系图，教学团队集体备课，精心设计具体教学内容，明确教学重点，优选教学方法，确定考核方法，编制并不断完善教案。课程思政教学内容的编制要体现"小、实、新"的特点，不可过多分配时间、不可空谈，要与时俱进；教学方法选择上除了常规的讲授法、提问法、讨论法、作业法外，还适当使用测验法、对话法、角色扮演法、视频辅助教学等方法。

第四，方案实施。

课堂学习过程中注重教师言传身教、以理服人、以情动人，在师生互动中实现论理开智、体悟践行、思想升华，实现"小我"向"大我"转化。课后进行教学反思、积累教学反馈、总结经验、发现问题、提升认识、持续改进。

第五，建设经验迁移。

课程思政建设不是局限于一门课程，而是通过本课程建设，积累经验教训，将其迁移至其他的专业课程和思政课程教学、教研、教改过程，同时也可以迁移至导师培养学生的育才过程中，扩大立德育人成效。

第三节　研究生课程思政建设必须
聚焦"三高"

近年来，在课程思政建设实践探索中，针对本科生和高职生群体探索的经验较多，针对研究生群体的研究相对不足，甚至出现了研究生课程思政"空白"、简单套用本科生课程思政模式等现象，既无法实现分类设计、系统推进，又不利于本硕博课程思政的一体贯通。

研究生教育是实施创新驱动发展战略和建设创新型国家的重要支撑。当前，我们有必要统筹研究生的政治素养、道德品质、科学精神、创新能力培养，通过高层次设计、高质量要求、高水平实施这"三高"，扎实推进研究生课程思政建设。

一、高层次设计：构建组织管理体系

传统的思政课程与专业教学"点—线"的方式，无法有效对研究生进行思想塑造和价值引领。当前，必须围绕德才兼备的人才培养目标，着眼于顶层设计，从健全制度、优化管理、强化支撑保障等各个环节，进行系统优化重构；必须做到全局统筹，建立系统性、整体性和协同性相统一的课程思政组织管理体系。

具体来说，一是要建立制度体系，保障课程思政建设的系统性。课程思政是课程体系的改革、教育教学体系的改革，是一项长期的系统工程。要坚持整体性推进、个性化实施、渐进性开展、动态性调整，重点加强示范课程建设、示范专业建设、教材资源建设、师资队伍建设、考评体系建设等工作。

二是要建立管理体系，保障课程思政建设的实效性。当前，有必要成立由学校主要领导牵头的专门机构，明确建设定位、锚定教学目标、配置教学条件，真正解决课程思政"是什么""为什么""怎么做"等基础性工作。要统筹协调整体性工作、规范推进阶段性工作，及时研究进展情况，实施分类指导，确保工作扎实有序落实。

三是要建立研究支撑体系，保障课程思政建设的科学性。学校必须着眼课程思政建设的基本规律进行探索，立足学情、校情，推进课程思政的学理支撑研究和实践探索研究相结合，推动课程思政建设向纵深发展，持续增效。

例如，东北大学系统实施"思业融合燎原计划"，将课程思政作为"书记校长履职亮点项目"，扎实有序推进工作部署落实。成立课程思政教学研究中心，指导推进课程思政的理论和实践研究。学校打破"课程思政是思政课程同义转换"的误区，实现思想政治教育功效的系统性延展；打破"课程思政是思政元素简单嵌入各门课程"的误区，实现思政元素与课程内容的有机融合；打破"课程思政是对各门课程知识传授和能力培养功能消解"的误区，实现全部课程的价值彰显。

二、高质量要求：建立双向督导评价体系

全面推进研究生课程思政建设，要遵循教育基本规律和研究生教育规律，观照研究生知识发展、能力提升等要求，牢牢抓住施教者和受教者这"两个中心"，着力推进课程思政"供给侧""需求侧"双向督导评价体系的建立。其前提是：教师要以坚定的政治立场承担育人使命，各门课程须以多维课程设计彰显价值属性，所有课程都要以深刻的思想体悟培育时代新人。在此基础上，要抓好两个关键。

一是牢牢抓住施教者的能力水平这一关键。必须坚持"育

人者先育己"，在做到政治站位高、理论修养深的前提下，打破部分教师在研究生教育中"重育才、轻育德""重科研培养、轻价值引领"等认识误区，将课程思政的开展情况作为评价研究生教师能力素养的重要指标，实现"育德于教"。指导教师要通过专题培训、经验分享、专项督查等有效形式，深入了解课程思政的实质内涵和概念边界，防止其陷入形式化、标签化、功利化等困境。同时，还要激发教师的能动性，改进教育教学方法，强化育人观念，提高育人能力，加强对研究生的价值引领。

二是从受教者的成长发展需求出发寻找突破关键点。要充分了解研究生的学习兴趣、治学态度和价值取向，以专业课为引领、通识课为基础、实践课为创新点，拓展渠道，创新形式。用"高质量"的课程思政解决研究生课程在科学研究、知识生产和价值塑造等环节脱钩的问题，改变知识结构单一、学习目标功利化、教学方法单一、师生互动缺乏等状态，创新"分散培养"情境下研究生思想政治教育途径，实现专业认知、学术道德、社会需求与个人成长的有机结合。

当前，教师须对课程整体进行科学的设计和计划，教学过程中适时采取不同的方式检验教学效果，实时掌握研究生对知识的掌握程度，随时了解对思政元素的接受和消化程度；阶段性对相关数据进行对比与分析，跟踪变化情况、分析变化趋势，做到有的放矢、对症下药。在动态跟踪基础上，及时对教学设计和计划进行动态调整、修订，逐步提高教学设计的多样性、创新性和教学实践的科学性，使课程内容更有"灵魂"，有滋有味。例如，东北大学在研究生课程思政建设中，面向不同学科专业、不同类型课程，从课程内容设计、思政元素挖掘、课堂教学到教学效果反馈等基础工作入手，设计了以拓展、挖掘、关联、架构、优化、涵育等 6 个前后衔接的环节为核心内容的课程思政生成模式，既廓清了开展课程思政的基本步骤和工作方法，又实现了教书育人与科研育人的衔接和融合。

三、高水平实施：建设协同发展体系

当前，研究生教育教学在一定程度上存在着"研究为主、课程为辅""自学为主、教学为辅""个性为主、共性为辅""导师为主、院系为辅"等现象。科学开展课程思政，为重新建构研究生教育培养的理念思路、组织设计、实施过程提供了有效载体和抓手。各高校要从常态化建设机制入手，通过凝练经验、总结规律、创新思路、丰富形式和内容，构建高水平的课程思政协同发展体系，适应不断变化发展的社会形势和高层次人才培养需要。

一是要坚持打造标准与激励创新相结合。逐渐构建课程思政建设标准，指导各教学单位根据自身学科特点，制定专门的课程思政建设工作方案，使课程思政要求深入教案修订、教材编审，体现在教学大纲和人才培养方案中。将教师开展课程思政建设情况纳入绩效考核、评优奖励等考核评价，并逐步建立起考核激励制度体系。

二是要坚持典型示范与全面推广相结合。结合工作实际和办学特点，坚持分批次、分阶段开展课程思政建设工作。在典型示范的基础上实现课程体系、专业体系、学科体系的全链条贯穿，使课程思政由小到大、由点到面，实现全覆盖。例如，东北大学先后通过试点单位设置、示范课程和示范专业遴选，确立校级示范课程和示范专业进行重点建设。以校级示范为引领，在所有院系进行示范性和普及性相结合的课程思政建设。开展课程思政的研究生课程涵盖通识类、学科基础类、专业方向类、实践类所有课程类型，覆盖文学、哲学、经济学、管理学、理学、工学、艺术学等所有学科。

三是要坚持因地制宜实施与个性化评价相结合。课程思政必须坚持社会主义办学方向，落实立德树人根本任务，既要遵循课程建设的逻辑，又要遵循研究生群体的成长规律和成才需求，细化培养目标、调整教学方法，兼顾课程内容的专业性、理论性、学术性、发展性，有的放矢、因材施教、顺势而为。对课程思政的评价是课程思政建设的难点和痛点，既不能设置完全量化指标，又不能设置绝对同一标准，必须做好个性化评价，不搞人人过关，避免层层留痕。可以从背景评价、输入评价、过程评价、成果评价等环节，对教学目标、教学内容、教学保障、教学条件、课堂教学、课下活动、教学目标达成度、学生培养质量等维度进行考量，动态监测课程思政建设质量，建立问题快速反馈和有效解决的便捷渠道。

【拓展与借鉴】

培养硕士生数据科学思维能力
——"数据科学思维与大数据智能分析技术"课程思政建设

授课教师：东北大学　于亚新

随着大数据智能时代到来，国家迫切需要数据科学拔尖人才，基于此，开设了"数据科学思维与大数据智能分析技术"硕士生必修课。本课程通过科学分析大数据来洞悉隐藏于数据背后的规律，培养硕士生数据科学思维能力。本课程立足数据科学思维"心、脑、体"三个向度开展课程思政建设，实现价值塑造、知识传授和能力培养有机统一。

1. 总体设计

"心"引导思维方向，关注信仰产生之"本"。阐述数据科学时代特点，剖析大数据思维下科学分析方法论，诠释深度学习处理技术，培养学生树立家国情怀和社会责任担当意识，锤炼勇于追求真理的科学探索精神，坚守永无止境的奋斗精神等。完成价值理念正本清源任务。

"脑"探究思维本质，关注认知思考之"智"。阐述数据科学思维的各种思维类型，比如关联、辩证、创新思维等，让学生领悟非独立数据同分布与人类命运共同体内涵关联性、数据力量正反辩证性、数据科学第四范式创新性等，培养学生历史、辩证、唯物地研究和分析问题。完成知识传授慎思明辨任务。

"体"落实思维行动，关注洞见式思维之"行"。阐述将数据产品形成洞见交付物的处理流程，引导学生将洞见式实践方法拓展到宏观层面，从而领悟习近平新时代中国特色社会主义思想是中国智慧的深刻洞见，指导着"两个一百年"奋斗目标实现。完成洞见式能力培养任务。

2. 教学创新

课程提出了"四三二一"课程思政建设方法论，即信息收集"四步"方针、方案布局"三字"战略、行动实施"二种"

战术、成果凝练"一以贯之"。具体步骤如下。

第一，信息收集"四步"方针。

"知己知彼，百战不殆"。团队提出了基于思维导图将专业知识与思政要素协同联动归纳整理方法，既能把握专业知识宏观主线，又能厘清思政要素微观脉络，可谓"毕其功于一役"。简言之，就是"挖""悟""磨""画"四步方针。

挖：挖掘专业知识点中所潜藏的思政元素。专业知识中包含着必须掌握的关键知识点，它们贯穿起整个课程知识体系，蕴含着丰富的思政元素。

悟：领悟思政元素背后所蕴含的价值精髓。借鉴历史、哲学、社会科学等内容，深刻剖析每个思政元素，力求弄懂其思想内涵，从而把握核心价值。

磨：研磨思政元素数量，量中求质。一门课的思政元素数量不宜过多，过多会"喧宾夺主"，过少则如"蜻蜓点水"，因此把握合适的"准量"是保障课程思政"高质"的前提。

画：画出专业知识点及其思政价值的思维导图。运用思维导图，根据思政元素类别将专业知识点分类列出一级主题，然后根据具体内容分列为二、三乃至多级子主题，章节信息要标注，思政内容在最后一级主题以概要形式列出。

第二，方案布局"三字"战略。

在战略布局阶段，高屋建瓴制定相关课程资料，概括为"三字"战略，即"编""修""定"。

编：编撰课程思政元素案例。确定每个思政元素后，要编写该元素对应的完整案例，即把元素实例化、具体化。

修：修订课程思政教学大纲。不能将"课程思政"上成思政课，教学大纲要合理分配思政学时，以保证原有知识内容不会有太大起伏。

定：制定课程思政教案。寻找思政元素与知识点间的关联性，并尽力结合新闻时事、国际风云，拓展出相应思政价值观。

第三，行动实施"二种战术"。

在实施阶段，本团队采用二种战术，即"课上真情实感"，"课下持续改进"。

课上真情实感：课程思政教育的力量在于一个"真"字，无论采用哪种教学方法，课堂上要采用"动之以情，晓之以理"形式，用真理说服人、用真情感染人、用真实打动人，而非空洞说教，让课堂成为有情有义、有温度、有爱的教育过程。

课下持续改进："兵无常势，水无常形"，课下要实时改进，教师根据学生反馈结果进行反思，做到"改进一小步，质量提升一大步"。

第四，成果凝练"一以贯之"。

课程经过若干轮建设后，及时总结经验与方法，提炼课程思政建设价值性、科学性和有效性，将成果"凝"以致用，一以贯之，方得思政育人始终。

培养什么人、怎样培养人、为谁培养人是教育的根本问题，也是建设教育强国的核心课题。我们建设教育强国的目的，就是培养一代又一代德智体美劳全面发展的社会主义建设者和接班人，培养一代又一代在社会主义现代化建设中可堪大用、能担重任的栋梁之才，确保党的事业和社会主义现代化强国建设后继有人。要坚持不懈用新时代中国特色社会主义思想铸魂育人，着力加强社会主义核心价值观教育，引导学生树立坚定的理想信念，永远听党话、跟党走，矢志奉献国家和人民。

　　——习近平总书记2023年5月29日在二十届中央政治局第五次集体学习时的讲话

第五章
课程思政建设必须以
社会主义核心价值观为引领

社会主义核心价值观是当代中国精神的集中体现，凝结着全体人民共同的价值追求，对国民教育具有重要的价值意蕴，对社会发展发挥重要的价值引导作用。习近平总书记强调，要"引导广大师生做社会主义核心价值观的坚定信仰者、积极传播者、模范践行者"，"各类课程与思想政治理论课同向同行，形成协同效应"。高校课程思政建设要以社会主义核心价值观为引领，构建"六维一体"长效动态育人机制。

第一节　社会主义核心价值观引领课程思政建设的理论向度

一、意识形态教育合目的性与合规律性的辩证统一

马克思从实践维度把"合目的性"规定为"把内在的尺度运用于对象"，即"人的活动的合目的性"指作为主体的人从自身内在尺度，从生存和发展需要出发，从事符合人的目的和需要的生产活动；将"合规律性"规定为作为实践主体的人在认识和把握客观事物规律性基础上，自觉遵循客观规律从事实践活动，以达到预期目的，将理想客体转化为客观现实。从根本层面分析，社会主义核心价值观引领课程思政建设，要求课程思政的目标、内容与教育对象、客观实际、发展要求相符合，促进教育过程、方式和效果体现意识形态教育的方向性和目的性；满足党的意识形态教育要求和广大青年全面成才的双

重需要，顺应社会历史发展规律和现实要求，体现合目的性与合规律性的辩证统一。

二、价值观念与价值实践的辩证统一

作为观念形态的社会主义核心价值观具有价值规范效能，能够成为整个社会的普遍价值准则，成为广大社会成员的价值实践。价值实践要求实践主体在实践过程中积极探索人生价值，通过自我调整达到自我实现与自我超越，自觉地将为实现人的自由全面发展而奋斗终身作为终极价值目标。社会主义核心价值观引领课程思政建设，需要价值观念与时俱进、符合价值实践的发展要求；需要结合实际，体现说服力、感染力与先进性。教育实践依据价值理念的指导，使教育对象自觉运用科学的世界观、方法论进行判断，明辨笃实。基于二者的辩证统一，转化为实践主体的价值观念，成为实践主体践行主流价值观的精神动力，通过理论思维、理论创新和理论武装，适应社会发展实践要求，实现课程思政建设中价值观念与价值实践的辩证统一。

三、教育者主导性与受教育者主体性的辩证统一

课程思政注重教育主体性培育，强调以人为本理念在教育领域的延伸与应用；把教育对象置于自然和社会的总体性教育环境来考察与探讨人的存在本质，追求人的主体性复归；强调人的主观能动性，注重人的发展和社会发展相互连接、相互促

进。基于此，社会主义核心价值观引领课程思政，并不是单纯的单向关系，而是教育者和教育对象两者之间相互影响、相互作用。需要教育者发挥主导作用，引导和激发教育对象在教育环节中发挥主体性作用，将被动学习转变为主动学习。通过发挥价值观教育的导向作用，推动"实然我"发展为"应然我"，符合人的自由全面发展的教育追求。因此，重视对作为生命个体的教育对象的自然生命、社会生命和精神生命等三重生命的关注，对教育对象在自然与社会、实践与进步、现实与未来境遇的关注，从而实现教育对象的自由全面发展。

【拓展与借鉴】

上海市聚焦融得进　落得实　看得见
大力推进课程思政 2.0 建设

上海市认真贯彻全国教育大会、全国高校思政工作会议和学校思想政治理论课教师座谈会精神，以课程教学为核心，整体设计、系统推进课程思政 2.0 建设，着力构建更加完善的课程思政内容体系、课程体系、教学体系、教师培养体系、制度规范体系，确保课程思政融得进、落得实、看得见。

把握制度、机制、保障三大工作抓手，强化统筹推进。市委、市政府高度重视课程思政建设，市委书记亲自研究审定学校思政课改革创新实施意见，对高校课程思政建设作出部署安排。构建制度体系，印发《关于推进上海高校课程思政教育教学改革的实施意见》，强化制度规范和政策支撑。全市所有高校立足办学定位和人才培养目标，研究制定学校课程思政规划和实施方案，修订完善已有制度文件，将课程思政的要求体现到学校组织架构、管理制度和教学制度等治理体系中。完善运行机制，推动全市各高校成立课程思政改革领导小组，由党委书记担任组长，并设立专门办公室抓好工作落实；各高校建立健全教务部门和教师工作部牵头负责，院（系）具体负责，人事处、宣传处等相关部门直接参与的领导体制和工作机制。加强课程管理，将课程思政内涵融入课堂教学，落实到课程目标设计、教学大纲修订、教材编审选用、教案课件制作等方面，贯穿于课堂授课、教学研讨、实验实训、作业论文全过程。强化支持保障，每年投入近 5 亿元实施市属高校教师教学激励计划，对专业课程的育人功能和任课教师的育德实效进行绩效评价。加大课程思政建设专项经费投入，确保课程建设、教学改革等持续高效开展，2020 年投入 2200 余万元，对入选课程思政领航计划的项目予以支持。

把握课程、教学、教师三大关键要素，深化内涵建设。修订人才培养方案，深化课程改革。同济大学明确培养兼具"通识基础、专业素质、创新思维、实践能力、全球视野、社会责任"六方面综合特质的"社会栋梁与专业精英"，并以此梳理和完善课程设置内涵。树立课程发展理念，分层分类将课程思政要求融入教学管理。上海中医药大学更新和完善教育教学管理技术标准，在教学计划、教学大纲、教案准备、教学实施、教学评价、资源配置等教育教学全过程明确课程思政要求。强化实践教学，近三年来，每年面向思政课教师举办学习新思想主题实践研修班，组织 200 余名骨干教师分赴全国 10 个马克思主义理论教学科研研修基地开展研修学习；面向哲学社会科学教师举办哲学社会科学教学科研骨干研修班，组织 500 余名骨干教师赴 15 个省市开展主题实践研修；面向大学生组织 1000 余支主题实践小分队，分赴全国各地开展实践调研。2020 年以来，着力深化市内社会实践活动，围绕习近平总书记对上海考察指导现场点，挂牌建立一批"家门口的社会实践研修基地"，组织开展"信仰之路"主题社会实践活动。市校两级联动，提升教师育人能力，组织全市高校近 600 名二级学院院长和 1500 余名专业骨干教师开展课程思政专题培训，资助所有新上岗青年教师开展课程思政专项教学研究。建立集体教研制度，开展课程思政集体备课、教学比赛，实施课程思政"精彩系列"评选计划，不断提升课堂教学质量，营造课程思政良好氛围。实施课程思政金课名师打造计划，邀请院士、著名专家学者领衔课程思政示范团队。

把握特色、规范、评价三大突出要点，固化建设成果。打造课程思政特色品牌，实施"领航计划"，立项建设 10 所领航高校、20 个领航学院和一批领航团队、领航课程，涌现出复旦大学"五维育德体系"、同济大学"专业课程链"、上海理工大学"工程德育"等系列特色品牌。打造"中国系列"精品课程，鲜活讲好习近平新时代中国特色社会主义思想，全市 60 余所高校都已开出至少 1 门"中国系列"课程，形成"一校一特色"格局。健全课程思政规范，组织专家系统挖掘和梳理各学科的价值教育引导元素，编制课程思政教学指南。目前，以专业类别为基础单位，编制了"交通运输类""地理科学类"课程思政教学指南；以一级学科为基础单位，编制了"生物学"课程思政教学指南。文史哲、经管法、教育学、理学、工学、农学、医学以及艺术学等八类专业的教学指南研制已全面启动。建立评价标准，将课程思政与实施一流专业、课程建设的"双万计划"统筹推进，纳入学校办学质量和学科建设评估及高校分类评价。研究制定《上海高校课程思政建设质量自查指标体系（试行）》，明确机制建设、教师队伍、专业与课程、教材建设、教学管理、质量评价等方面要求。将课程思政作为市级专业课程建设和优秀成果评选的重要考核内容，作为各级各类人才项目选拔的重要遴选指标，调动各方课程思政建设的积极性，做到持之以恒、久久为功。

（来源：教育部简报〔2020〕第 29 期）

第二节　社会主义核心价值观引领课程思政建设的实践困境

一、教育内容阐发困境

灌输式教育导致"反教育"效果显化。"知识是载体，价值是目的，要寓价值观引导于知识传授之中。"部分专业课程将课程思政当作额外补充，专业课程与价值引领无法真正达成"基因式"融合，社会主义核心价值观引领课程思政流于形式，引发学生的厌烦情绪，与课程思政建设目标背道而驰。固有思维影响内在思政元素挖掘与融合。习近平总书记指出："其他各门课都要守好一段渠、种好责任田，使各类课程与思想政治理论课同向同行，形成协同效应。"教师必须由只完成基本教学任务转变为深入挖掘思政元素并使之与课程内容相互融合。

这种"编剧""导演""演员""主持人""发言人"等多重角色的科学转换，部分教师在短时间内难以完成。

二、多部位协同困境

责任边界模糊，组织协同性分散割离。实践中，教师协同育人思维尚未形成，使课程思政仅局限于部分课程、某些部门和部分教师单打独斗；各类教育主体职责划分不清，部门间任务重叠或割裂，难以形成协同效应。交流平台搭建不足，沟通协同性亟须完善。目前，课程思政建设中专业型、区域型的优质资源共建共享平台搭建不足，各专业教师群体间存在价值疏离和场域疏离，制约课程思政目标的有效实现。各类专业课教学尚未形成由"知识—教学"对应关系过渡至"知识＋价值观—教学"多维关系、由"线性对接"教学体系过渡至"立体对接"教学格局，影响了各方有效联系交流。工作意识碎片化任务化，教育主体思想协同性存在差异。因此，坚持教育者先受教育，让教师更好担当起学生健康成长指导者和引路人的责任。部分教师由于缺乏体系化的思政意识、思政素养，仅限于简单"完成任务"，出现课程思政表面化、标签化等现象，无法形成科学系统理念，难以产出入眼入耳入脑入心的功效。

三、客体吸收内化困境

教育客体自我意识多元化隐性抬高教育供给侧需求。高校思政工作最根本的是要全面贯彻党的教育方针，解决好培养什么人、怎样培养人、为谁培养人这个根本问题。受各种社会思潮冲击，学生自我意识呈现出多元化特征，隐性抬高了价值观教育供给侧需求，对教育理念、教师素养、课程设置、课程内容、教育方法等整体性迭代提出了新要求。教育客体价值观念培育与社会道德实践内生动力不足。部分学生自身接受价值观教育的内生动力不足，一定程度上存在社会道德实践与主流价值观相悖等现象，成为价值观引领课程思政建设必须深入切实解决的问题。

四、方法创新困境

现代网络技术造成隔空性危机。现代网络技术因承载开放多元思想隐藏着价值冲击与扭曲的潜在危机。例如，虚拟式、情景式、沉浸式体验可能消解教育客体道德感与责任感；多元的文化场域加强不实信息散布的回响，腐蚀教育客体的理性精神；部分网络流行语道德内涵缺失，引发新的精神虚无；互联网的隔空性引发线上课程低参与低互动等新困境。多元课堂贯通性不足制约价值观引领课程思政效果。课程思政存在标签化、表面化等问题，造成理论课堂与实践课堂难以交融共振实现育人效果最大化。第二课堂、第三课堂等多元课堂之间的协调性贯通性不足，使思政元素与价值观念培育无法得到一体式互融，甚至出现不同课堂传输价值观差异较大的现象，使学生难以作出清晰的价值选择与价值判断。

【拓展与借鉴】

打造充满"中国味""时代味""青春味"的课堂
——"金融学"课程思政建设
授课教师：东北大学　王健

金融是国之重器，是国家重要的核心竞争力。东北大学以"培养担当民族复兴大任时代新人的'中国特色、世界一流'大学"为办学宗旨，而金融学专业担负着培养"了解中国国情、具有金融素养、符合市场需要、维护国家利益"金融人才的责任。"金融学"课程作为经管类专业本科生重要的学科基础课，立足于中国金融改革的肥沃土壤，提炼中国特色金融体系的基本元素、内涵特征及其发展规律，总结中国金融实践的伟大经验，打造立体式、时空维、金融美充满"中国味""时代味""青春味"的课堂，引导东大金融人以经邦济世、诚信服务、德法兼修的职业素养服务于中国特色社会主义经济，特别是东北经济振兴发展。

1. 滴灌式融入金融思政，守正创新彰显中国味

课程思政并非显性标签，要以立德树人实效为目的，因此需灵活施教、润物无声。"金融学"课程思政设计从大学生求知需求出发，遵循其成长规律，"术道结合"。以中国金融发展实践为逻辑起点，以中国特色社会主义金融理论为理论基础，以金融服务于中国特色社会主义经济发展为主旨思想，对百年党史中经济建设和金融发展的历史经验和伟大实践进行科学解构，提炼时空维度的中国金融经验。通过6种思政融入方案（金融人物剖析、金融案例研究、虚拟仿真实验、交易场景模

拟、横纵对比分析、金融专题专访），下移教学重心、深度拓展教学内容，将培养学生经邦济世、强国富民、德法兼修等思政目标滴灌式融入课堂教学全过程。

2. 体验式融入金融思政，紧跟前沿凸显时代味

从课程导论开始，以贯彻落实党的二十大精神中的"为中国式现代化提供强大金融动能"为切入点，生动讲解金融系统要锚定中国式现代化的本质要求，为推动实现中国式现代化提供强大金融动能。在12个分支金融知识板块的培养目标中，从"个体（微观）－行业（中观）－国家（宏观）"3个维度，采用体验式教法体系，包括观（观看、观摩）、论（讨论、辩论、论坛）、访（访谈、调研）、演（模拟交易、演讲、微视频）、悟（体悟、感悟）、行（课内实践、社会实践），隐性融入"金融改革加快人民共同富裕""绿色金融促进人与自然和谐共生""金融创新服务实体经济高质量发展"等时代元素，并通过在课程设计端引入金融行业专家顾问、接收端实现金融业界导师全员配备，依托学校"金融产学研实训基地"实践育人平台，提升金融学理论与实务前沿融合效果。

3. 互动式融入金融思政，青言青语映现青春味

精心挑选青年学子易产生共鸣的素材，针对大学生喜欢线上互动的行为喜好，进行课前－课中－课后设计。打造和重构由物理空间（教室、教材、终端）、资源空间（云端资源、学科工具、产学研资源）、社交空间（网络学习空间、虚拟学习社区、协作平台、服务平台）共同组成的教学环境，实现"三空间"深度融合、第一与第二课堂融合。使学生由课程思政信息接收转为信息消化与应用，并定期调研学生需求，及

时提供互动式指导，用"青言青语"的表达方式，贴近青年的视角，使每个金融思政元素在隐性价值传达中听起来"触动"、看起来"新鲜"、品起来"有味"，达到"经济直觉启智，金融之美润心"实效。

第三节　社会主义核心价值观引领课程思政建设的实践路径

一、明确目标，实践"三域融合"

统筹"教师视域"和"学生视域"，形成双向内驱力。坚持知识性与价值性有机多维融合，推进课程思政与国家高势位价值观的价值理念、教育功能、实践精神相契合。显性教育与隐性教育联动，突破教育主体间壁垒，构筑全员全过程全方位立德树人高格局大视野，形成"大思政"长效育人新范式。通过沉浸式体验融入"体验视域"。"体验视域"促进情景渗透，与"教师视域""学生视域"实现三域融合，统筹教师主导与学生主体的协同，增强学生对社会主义核心价值观的感知领悟意识与履行践诺能力。

二、凝练重点，强化师生互动

注重诠释方式的多样性，实现一维认知向三维互动认知转变。科学调整配置课程思政的资源供给，厘清原理，关注前沿性、时代性研究成果，增加研究性、创新性、综合性教学内容，扩展教学的广度和深度。坚持真理，坚持马克思主义指导地位，用科学理论指引实践。探索道理，用社会主义核心价值观厚植理想信念，通过知识价值化实现价值观认知认同向践诺践行转变。注重诠释应用的群体性，实现文本式学习与生成式学习相融合。掌握学情特性，将优势课程思政资源与创新要素有效汇聚，横向贯通、纵向延伸，一体化推进课程思政整体规划与立体设计；充分释放社会主义核心价值观所内蕴的资源活力及作用机理，启发教育对象，将主流价值观转化为内在精神价值追求与外在自觉实践行为。

三、优化体系，紧贴专业实践

拓宽价值取向融入渠道。坚持学生中心、产出导向，使教育对象理想信念更加刚毅坚贞，推行"贴近、结合、兼顾"的探索式实践。"贴近"即思政元素贴近生活实际，强化教育教学的导向性、思想性和教育性功能，从高势位价值观层面使理论联系实际、活化教学过程、提高教学实效性。"结合"即实现课程思政与社会发展所要求的素质、能力、知识紧密结合，着眼于知识价值与社会需求的结合，使专业性的知识体系向社会化的知识价值转化，探索出共享型课程思政新思路。"兼顾"即以共性为主，兼顾个性，注重思政元素的多层次和多元化，积极营造灵活、自主、开放的价值观培育场域。

四、分类实施，推进任务驱动

分类确定知识传授与价值导向高度融合的教学内容。深入梳理文史哲、经管法、教育学、理工农医以及艺术等各类专业课程教学内容，凸显高阶性和前沿性，结合专业特色，有机融入社会主义核心价值观思政共同元素或关键要素，符合学生的认知特点，实现教材内容精选向课堂教学体系转化。通过任务驱动，使教学任务外推力与培育学习内驱力相结合、阶段式任务环节与针对性教学方法相结合，让学生在情景体验中有思有悟。前任务环节激发学生学习兴趣和主动性，后任务环节培养学生思辨能力、创新能力、批判思维，实现理论知识、道德情感、道德意向的知情意统一。

五、多维考核，健全评价体系

细化过程性考核。将人才培养效果作为首要评价标准，通过知识型考核与能力型考核相结合、文本型考核与实践型考核相结合、教师评价—组间互评—组员互评相结合，将价值观要素渗透在教育教学的每一个环节。强化多维综合考核。体现认知、能力、素质等方面的区分度，对公共课、专业课、实践课应实行差别考核，构建智慧生成、主体协同、自由与纪律平衡、学习过程与教育节奏契合的教育教学考评。

六、优化平台，强化技术保障

建立多元式、沉浸式"教学阵地"。坚持问题导向，从学生的多重情感需求和发展要求出发，创新运用媒体技术，形成新媒体教学手段支持、互联网丰富教学资源支持、立体化共享资源库教学工具支持、线下与线上相结合的混合式课程模式。推进优质资源共建共享，创新网络虚拟实践，实现线上与线下协同、理论与实践协同，坚守课程思政的网络阵地，实现"时间、空间、人间"三突破。

综上所述，社会主义核心价值观引领课程思政建设，是社会转型期营造价值观念多元化氛围的客观需要，是抵制西方文化思潮侵蚀价值观念根基的必然要求，是互联网技术更新迭代对意识形态教育提出的现实需要。必须坚持系统观念，开发并建设好视域融合发展式教学、诠释内涵的师生互动式教学、紧贴知识价值化的实践教学、任务驱动参与式教学、多维综合考评、优化网络平台教学，推动知识传播与价值引导有机融合的科学化、体系化、持续化。

【拓展与借鉴】

厦门大学"五路并进"加强课程思政建设

厦门大学认真学习贯彻习近平总书记关于教育的重要论述特别是习近平总书记致学校建校100周年的重要贺信精神，聚焦培养什么人、怎样培养人、为谁培养人根本问题，将思想政治教育贯穿人才培养体系，大力推进课程思政建设，抓紧抓实组织领导、课程教学、示范带动、队伍建设、考核评价等重点环节，不断完善课程思政建设体制机制，促进课程思政与思政课程同向同行、同频共振，切实提升立德树人成效。

紧握"领导权"，构建联动化工作机制。成立由学校党委书记和校长共同担任组长的课程思政工作领导小组，建立"党委统一领导、党政齐抓共管、职能部门组织协调、学院落实推进"的上下联动工作体系，统筹加强课程思政建设的组织与实施。出台《厦门大学课程思政建设实施方案》，明确学校课程思政建设指导思想、目标任务、重点内容、工作举措等，对全面推进课程思政建设作出系统安排，确保各项工作任务落地见效。修订人才培养方案，将思政教育要求体现在所有专业的培养方案中，推进专业课程教学与思政教育紧密结合。各学院成立课程思政建设工作小组，制定本学院课程思政建设实施方案，明确时间表和路线图，分类分步有序推进。成立课程思政教学研究中心，以马克思主义理论、教育学一级学科为依托，汇聚全校各学科研究力量，深入推动课程思政理论研究与实践探索。设立课程思政建设专项经费，已累计投入540余万元，支持开展示范课程建设、教学研究、培训交流等，为课程思政建设提供有力保障。

抓好"主战场"，建设立体化课程体系。系统梳理各类课程教学内容，深入挖掘思政教育元素，明确课程思政建设的重点和要求，不断优化以思想政治理论课为引领、以专业课程为核心、以通识课程为拓展、以实践类课程为补充的"1+3"思政教育体系，促进知识传授与价值引领融为一体。持续深化思想政治理论课"专题教学＋网络教学＋实践教学"的三位一体教学模式改革，推进习近平新时代中国特色社会主义思想进教材进课堂进头脑，结合鲜活的事例和生动的教学增强思政课的亲和力和引领力。分类推进课程思政改革，引导各院系根据不同专业的课程特点、思维方法和价值理念，编制专业课程思政教学指南，明确不同专业不同课程的课程思政目标、教学内容、教学方法，将课程思政写进教学大纲。加强线上线下集体备课，打造"一院一特色"的课程矩阵，不断提升课程思政建设质量。

拓宽"主渠道"，打造精品化教学样板。由学校党委书记和校长讲授"开学第一课"，引导新生坚定理想信念，明确规划目标；以"四史"学习、"家国情怀"通识课程为发力点，打造"嘉庚精神""思政对话　百年史光""认识中国""匠心筑梦"等系列精品课程，激励学生弘扬光荣传统、争做时代新人。充分利用区域内红色资源，以长征精神等为主题，深入开展"传承红色基因　讲好福建故事"红色教育。实施课程思政建设示范工程，立项建设经济学、法学、生态学等 10 个示范专业，推出 188 门示范课程，设立 25 个教学研究项目，实现示范项目学院全覆盖。加大先进典型选树和宣传力度，利用学校官网、微信公众号、短视频号等融媒体传播平台，专题展示20 余门示范课程的建设亮点与成效。建设"案例＋微课"优质资源库，汇编覆盖 12 个学科门类的课程思政案例集，积极推广典型经验和特色做法，带动学校课程思政建设水平整体提升。

抓牢"主力军"，建强一体化教师队伍。建立完善广覆盖、长链条、多维度的课程思政教师培训体系，将课程思政纳入新进教师培训、骨干教师研修、课程教学创新培训、研究生导师培训等工作，着力提升专业课教师课程思政建设的意识和能力。搭建课程思政交流学习平台，积极开展专题报告、教学沙龙、教研工作坊、教学比赛等各类竞赛交流活动，引导教师厚植思政育人理念，提升课程思政水平。构建"专业学院＋马克思主义学院／教育研究院"课程思政建设联合体，推动马克思主义学院、教育研究院教师与其他学院教师"结对"交流，合力打造示范课堂、优秀案例，携手开展课题研究、论文撰写等。落实集体教研制度，组织教学课程组加强常态化教学研究，开展课程思政专题研讨、集体备课、示范观摩等。设立教研项目，引导教师加强课程思政建设重点难点和前瞻性问题研究，积极探索不同学科专业开展课程思政的规律与模式，推动把理论研究成果转化为改革实践成效。

用好"助推器"，完善多样化考核评价。改革课程教学评价机制，将价值引领、知识传授、能力培养的教学目标纳入课程教学评价内容，探索建立形成性评价与终结性评价相结合、综合评价与增值评价相结合的课程思政教学评价体系。建立课程思政建设成效评估机制，把课程思政建设作为学校一流学科、一流专业、一流课程建设的首要标准，纳入各教学培养单位目标责任制绩效考核，每年开展课程思政建设情况评估，对课程思政教改成效突出的进行宣传表彰，对成效欠佳的予以督促整改。严格落实党政管理干部听课制度、校院两级督导听课制度，把教师课程思政教学能力纳入听课评教的重要指标，强化教师在课程思政建设中的主体作用。完善课程思政建设激励制度，将教师育德意识及能力、参与课程思政教改成效等作为教师考核评价、评优评先、选拔晋升的重要依据，加大对课程思政建设优秀成果的支持力度，充分调动教师参与课程思政建设和改革的积极性主动性创造性，推动广大教师进一步强化育人意识、找准育人角度、提升育人能力，确保课程思政建设落地落实、见功见效。

（来源：教育部简报〔2021〕第 53 期）

学校思想政治工作不是单纯一条线的工作，而应该是全方位的。要完善课程体系，解决好各类课程和思政课相互配合的问题，鼓励教学名师到思政课堂上讲课，解决好推动其他教职员工和思政课教师相辅相成的问题，推动思想政治工作贯通人才培养体系，发挥融入式、嵌入式、渗入式的立德树人协同效应。

——习近平总书记 2019 年 3 月 18 日在学校思想政治理论课教师座谈会上的讲话

第六章
课程思政建设必须因地制宜各具特色

第一节　重塑数据科学思维体系的
"心""脑""体"
——以"数据科学思维与大数据智能分析技术"
的课程思政建设为例

习近平总书记在全国高校思想政治工作会议上强调指出："要用好课堂教学这个主渠道，思想政治理论课要坚持在改进中加强，提升思想政治教育亲和力和针对性，满足学生成长发展需求和期待，其他各门课都要守好一段渠、种好责任田，使各类课程与思想政治理论课同向同行，形成协同效应。"推进课程思政建设，是守好一段渠、种好责任田，使各类课程与思政课同向同行，形成协同效应的重要举措，要求我们在专业课程中融入思想政治教育内容，找准关键、突出重点。本节以东北大学计算机技术专业硕士研究生必修课"数据科学思维与大数据智能分析技术"的课程思政建设为例，探讨了在大数据与智能时代如何引导学生构建数据科学思维体系，如何实现专业课教学向理想信念教育、学术能力培养、社会责任培育等多向度延伸，回应了高等教育培养什么人、怎样培养人、为谁培养人这一根本问题。

一、将知识内含的精神和价值外化为教学实践，内化为学生的精神涵养和价值追求

在科学技术发展史中，数据一直起着关键作用，探其本

质，是科学思维赋予了数据智能，无论是在以牛顿、麦克斯韦为代表的"机械思维"时代，还是在以 AlphaGo、自动驾驶等人工智能应用为代表的"大数据思维"时代，思维方式都胜于数据本身。思维方式是看待事物的角度、方式和方法，对人的言行起决定性作用，即拥有不同世界观、人生观、价值观的人，其行为呈现出明显的差别。以数据科学思维为例，数据科学思维的分析过程包含由低到高三个阶段：描述性分析、预测性分析、执行性分析。描述性分析对数据进行统计，是客观结果的数据呈现，一般比较容易实现。预测性分析则是较高级分析，要基于"洞见"对统计结果进行分析，而"洞见"又与个人知识水平密切相关。执行性分析是最高级分析，是根据预测结果给出有价值的可行性决策，在该阶段，作为决策主体的"人"的主观作用被发挥到极致，即人的世界观、人生观、价值观对决策起决定作用。

由此可见，思想政治意识对人和社会的发展影响巨大，也从侧面证明了高校开展课程思政建设的必要性。东北大学在计算机技术专业硕士研究生必修课"数据科学思维与大数据智能分析技术"教学中，大胆推进教育改革，大力加强课程思政建设。课程充分挖掘了数据科学知识背后所蕴含的思政元素，并据此从"心""脑""体"三方面重塑了数据科学思维体系，在努力使学生成为卓越数据科学家的同时，还注重培养学生的对信仰坚守精神、对社会责任担当意识、辩证思考问题能力、"洞见"式分析推理能力、批判性思考能力等。

在课程思政建设过程中，教师要立足课程自身的特点，把深藏于知识表层符号、结构之下的人文精神与价值意义发掘出来，在对知识的解释中、对世界的描述中，将内含的精神和价值外化为教学实践，内化为学生的精神涵养和价值追求，实现价值引领、知识教育、能力培养的有机统一。

二、挖掘思政元素：教师只有真正领悟思政元素所含价值精髓，才能成功建设课程思政

在推进课程思政建设的过程中，要着力促进思想政治教育内容和专业知识密切结合，避免两者形成"两张皮"。一方面，各门课程的教师要对课程思政建设高度认可、形成共识，积极自觉地投入课程思政中；另一方面，教师要对课程中的思想政治教育内容加深理解，避免生搬硬套、生硬灌输。因此，要让思政元素与课程内容有机融合，就需要教师深入挖掘和领悟思政元素背后所蕴含的价值精髓。

在"数据科学思维与大数据智能分析技术"课程中，数据科学研究的"非独立同分布"关系是很好的思政元素。现有理论和商业系统大都假设数据是独立同分布的（IID），而大数据/复杂数据本质上却是非独立同分布的（non-IID），即一个对象的属性和行为，或多或少地会影响另一个对象，比如推荐系统中用户之间存在的夫妻关系、父子关系等都会对推荐商品产生一定程度的影响，因此需要纳入评分公式以提升推荐质量。非独立同分布中存在耦合关系，即共现关系、近邻关系、依赖关系、链接关系、相关关系或因果关系等，也正是世界各国关系的真实反映，与习近平总书记提出的"人类命运共同体"理念也有着很多内在的契合性和外在的协同性。一个国家是不能

独立于世界之外的，各国彼此之间应该互相理解、互相尊重，才能合作共赢。

三、重塑数据科学思维体系：从"心""脑""体"三方面科学建构，实现知识传授与价值引领的有机结合

思维是一个过程，也是一个体系。本课程将思政元素"心""脑""体"三个方面进行科学建构，以重塑数据科学思维。

第一，重塑思维体系之"心"。数据科学思维之"心"引导思维的方向，反映家国情怀、社会责任、伦理道德等，表现出持之以恒的坚守精神和永无止境的奋斗精神。例如，深度学习是大数据智能分析技术的核心，作为深度学习之父的杰夫·辛顿由于疾病困扰已经很长时间不能坐下了，每天只能站着工作和学习，但这恰是辛顿经历和决心的写照。几十年来，从"感知机"诞生，到明斯基提出单层神经网络无法求解"异或"问题，到辛顿提出可解"异或"问题的多层神经网络，再到辛顿将深度网络成功应用于图像和语音识别，深度学习的发展可谓历尽坎坷。在人工神经网络几十年发展历程中，辛顿历尽艰辛和困难依然坚持，体现出他对信仰的坚守精神。"数据科学思维与大数据智能分析技术"课程把这种持之以恒的坚守精神延展到课堂教学和现实生活中，强调青年学生应对真理保持执着追求，不要让信念的坚守被噪声淹没。比如，新冠疫情发生后，在以习近平同志为核心的党中央统一领导、统一指挥下，各地各部门各司其职、协调联动，紧急行动、全力奋战，

彰显出中国特色社会主义制度集中力量办大事的巨大优势。在课程思政建设中，要引领青年学生深刻认识我国的制度优势，并把科学精神、社会责任、伦理道德等有机融入课程内容，引导学生明白要为谁学习、为谁建设、为谁贡献力量。

第二，重塑思维体系之"脑"。数据科学思维之"脑"是对思维本质的认知，体现价值观和理想信念。思维类型包括辩证思维、创新思维、批判性思维、关联思维等。"数据科学思维与大数据智能分析技术"课程在引导学生认知数据科学思维本质时，将育人理念贯穿始终，力求从思政元素的角度延展思维的内涵。以辩证思维为例，在数据科学中，数据本身是客观的，但研究数据科学的人具有主观性，因此，通过数据产品展现出的数据力量就凸显出正、负两种特征。大数据蕴含规律，对其挖掘可以获取价值，这是其正面力量；但是，大数据也存在"偏见"，在研发数据产品时，研究者的主观性会自然融入产品中，从而使产品具有了"偏见"，这是其负面力量。因此，对数据进行辩证思考就显得尤为重要。通过延展数据科学的辩证思维方法，让学生懂得知识和技术本身具有两面性，所谓绝对的"客观、中立与价值无涉"在现实中是不存在的。实际上，每一门学科的发展都反映着勇于追求真理的探索精神，每一个科学发现都反映着敢于质疑权威的创新精神，每一项技术发明都反映着推动社会发展进步的责任意识。为实现中华民族伟大复兴，课程思政要坚持把社会主义核心价值观与课程知识相统一，引导学生辩证、唯物地研究问题。

第三，重塑思维体系之"体"。数据科学思维之"体"指的是思维所采取的行动，主要通过"分析的洞见"进行原理捕捉，以"可交付的洞见"的数据产品形式来呈现。数据科学中的洞见（即数据洞见），以两种形式呈现：分析的洞见和可交付的洞见。分析的洞见提供了适当的观点来有效地捕捉反映于数据世界中的根本机制、动态、原理与驱动因素。形成分析的洞见，必须结合和利用社会复杂性、环境复杂性、行为复杂性等。可交付的洞见是指对业务问题中的内在的、根本的、真实的和完整的机制、动态、原理和驱动力的深刻理解和适当表达，并被反映在所获得的数据交付物中。在数据科学中最有价值和最困难的事情是从数据中形成洞见，并在数据科学交付物中反映出这些洞见，即形成可交付的洞见。比如，阿里达摩院 2020 年研发的新冠全基因组检测分析技术，可将原本数小时的疑似病例基因分析缩短至半小时，其效率提升主要受益于将确定的核酸检测转变为对不确定的变异病毒进行全基因组序列分析比对的方法，诠释了通过"洞见"将具有行为复杂性的病毒数据转化为治病救人知识和智慧的科学实践过程。因此，"数据科学思维与大数据智能分析技术"课程围绕培养什么人、怎样培养人、为谁培养人这一根本问题，力求将数据科学思维的实践方法拓展到宏观层面，让学生深刻领悟，在实现"两个一百年"奋斗目标、实现中华民族伟大复兴的中国梦的进程中，习近平新时代中国特色社会主义思想正是彰显中国智慧最深刻的洞见所在。

四、实施"润物无声"教学方法：在化育无形的过程中增强思想政治教育实效

2019 年 8 月，中共中央办公厅、国务院办公厅印发《关

于深化新时代学校思想政治理论课改革创新的若干意见》，要求"深度挖掘高校各学科门类专业课程和中小学语文、历史、地理、体育、艺术等所有课程蕴含的思想政治教育资源，解决好各类课程与思政课相互配合的问题，发挥所有课程育人功能，构建全面覆盖、类型丰富、层次递进、相互支撑的课程体系，使各类课程与思政课同向同行，形成协同效应。建成一批课程思政示范高校，推出一批课程思政示范课程，选树一批课程思政教学名师和团队，建设一批高校课程思政教学研究示范中心"。

课程思政要努力实现知识传授与价值引领的有机结合。因此，融入思政元素的专业课，在授课方法上要采用一种精细的、浸润式的隐性教育，而不是粗放的、漫灌式的显性教育。在这一过程中，要坚守"一棵树摇动另一棵树，一朵云推动另一朵云，一个灵魂唤醒另一个灵魂"的教育情怀，以情动人、以理服人，以对教育的热爱和对学生的关爱拉近与学生之间的情感距离，在润物无声、化育无形的过程中增强思想政治教育实效。

为让学生在形成数据科学思维精神和研究态度的同时，成为"价值理性视野下人格健全、品行端正的'自由人'"，"数据科学思维与大数据智能分析技术"课程创新性地设置了"批判性思考"翻转课堂小组讨论环节，鼓励学生以"批判性思考"的方式阐述自己的观点。所谓批判性思考，是指通过信息和批判来进行合理判断。批判应该是有根据的、有充分理由的、有充分判断的，是建立在对信息的详细分析、评估和评价的基础之上的。比如，在大数据和人工智能时代，"相关关系"

和"因果关系"二者孰轻孰重，能否彼此兼顾，是一个颇具争议性的话题，尤其是如果让机器具有人类思维能力的话，因果关系推断就更是必不可少的，但数据科学和统计学不强调对因果关系的研究，在一定程度上限制了"思维机器"顺利发展。为此，在翻转课堂上以"大数据的相关与因果"作为辩论主题，让学生进行批判性分组讨论，有效培养了他们的反思能力，从而在润物无声、化育无形的过程中增强课程思政的实效。

【拓展与借鉴】

课程思政的多样性与变动性　一致性与稳定性

课程思政的多样性与变动性

课程思政所呈现出来的两个最为显著的外部特征，就是形式上的多样性与形态上的变动性。

课程思政的形式是多样的。因为课程类型的丰富性、课程内容的广泛性、课程特点的差异性，在课程思政形式的选择上，必然会呈现多样性。课程思政的设置形式是多样的，既有对已有学科课程的改造升级，又有对新课程的论证设置。其中有名师大家授课，如武汉大学测绘学院的"院士课"和复旦大学的"中国系列"课程，聚集业内领军型顶尖师资团队。课程采用多种教学方式与载体，如"中国系列"课程融合了课堂主讲、现场回答、网上互动、课堂反馈等多种教学方式；课程还与多类活动相结合，如北京联合大学通过艺术学院举办"溯源红色"创作活动、"空间数据采集实习"课程与红色"1+1"

活动相结合，对课程内容与形式再创造。课程思政的组织形式是多样的，既有教育行政主管部门统一的组织领导，又有各级各类学校积极的规划统筹，还有不同学科、不同专业教师的自觉实践，呈现出组织方式与组织程度的差异性。如上海高校建立了"课程思政"改革领导小组，由党委统一领导，党政部门协同配合，以行政渠道为主组织落实；武汉大学成立"课程思政"教学改革指导委员会；此外还有很多高校也成立了统筹师德师风建设的党委教师工作部等。课程思政的运行方式也是多样的，既有基于某一门课程的典型示范，还有基于某一类课程群的整合开发。如南京航空航天大学既打造了以"爱国奋斗·南航担当"为主题的校友思政公开示范课，又建成了以"物理与艺术"和"航天、人文与艺术"等精品课程为代表的与工程素养相关的通识课程群，形成"课程思政"矩阵。

课程思政的形态是变动的。课程思政在形式上的多样性以及在发展过程中的探索性，使得其在总体形态上表现出一定的变动性。作为一种新兴的思想政治教育形态，课程思政的变革与发展，需要经历一个由理念到实践、由局部到整体、由外延扩展到内涵发展的过程。人们对课程思政的理论认知与实践把握，也需要经历一个在对多样化形式的选择、比较与综合中，逐渐趋于明确和稳定的过程。如上海市课程思政从整体课程设计到"中国系列"选修课程开设，再到在实践中破除对于课程思政的误解，思政教育队伍逐渐扩大，思政课程逐步扩容，思政合力逐步形成，"无论是在体制机制形成、组织领导落实上，还是在运营经费保障、教学实践效果上都取得了一系列显性成果，形成了一整套有实效、易操作、可推广的'课程思政'探索模式"。

课程思政的一致性与稳定性

课程思政的"质"决定了其在变化、发展过程中具有一致性和稳定性。"如果形式不是内容的形式，那么它就没有任何价值了。"课程思政形式虽然多样、形态虽然多变，但都受到其内在本质与质料的规定，必须在多样中寻求一致、变动中保持稳定。

这里的"一致性"，不是指课程思政在形式上的千篇一律、形态上的整齐划一，而是在政治方向、价值导向、质料运用、功能发挥上，都要坚持课程思政的正确方位与发展目标，体现学校思想政治教育的基本原则。课程思政在多样化发展的同时，既要在其教育教学体系内部保持统一的方向、导向、作用力，又要在其与思政课程、日常思政以及整个学校思想政治教育体系之间保持同向同行，形成合力。

这里的"稳定性"，不是指课程思政在形式上的因循守旧、形态上的故步自封，而是在本质属性、基本内核、核心元素等方面，要始终体现课程思政在本质和内涵方面的规定性。课程思政在探索与实践中，既要不断尝试与摸索适合不同学科、不同课程、不同教育对象特点的形式、路径、方法，并做出及时的调整甚至变革，又要把不同学科所深蕴的思想价值体系、不同课程所蕴含的思政内核作为不可移易的内容基质。

（来源：《课程思政的"形"与"质"》；作者：杨威，汪萍）

第二节 探索课程思政建设的 BEACON 模式
——以东北大学课程思政建设为例

教育部印发的《高等学校课程思政建设指导纲要》强调指出，"高等学校人才培养是育人和育才相统一的过程。建设高水平人才培养体系，必须将思想政治工作体系贯通其中，必须抓好课程思政建设，解决好专业教育和思政教育'两张皮'问题。要牢固确立人才培养的中心地位，围绕构建高水平人才培养体系，不断完善课程思政工作体系、教学体系和内容体系。"近年来，全国高校广泛开展课程思政建设，取得了大量实践成果，形成了一些可复制、可推广模式。

一、基于 BEACON 模式的课程思政建设

本节总结课程思政建设的实践经验，设计了以拓展（broaden）、挖掘（excavate）、关联（associate）、架构（construct）、优化（optimize）、涵育（nourish）六个前后衔接的环节为核心内容的 BEACON 模式，形成了课程思政在每一门课程中有效实施、充分发挥课程育人功效的实现路径，将知识传授、能力培养和价值塑造有机融合。

（一）拓展

在拓展环节，教师要对课程进行深度开发与深层设计，将专业知识与思政元素有机融合，有时可以借助与之相契合的青年语料为切入点，提取"交集"或"公因式"，扩展价值引领的效能。教师需要从以下三个主要方面入手做好工作。

一是不断丰富专业储备。教师必须在不断扩展知识掌握的广度、深度和熟练度的同时提升科研和教学水平，主动对标国家需求和世界技术前沿，保证知识传授能够适应人才培养的需要。二是充分学习思政知识。深入挖掘好思政元素，需要教师具有扎实的思政理论基础，具有对信息整体掌握、筛选甄别、提炼提升、灵活使用的能力。三是持续丰富青年语料。开展课程思政，必须坚持守正创新、与时俱进，紧跟时代发展，熟悉青年学生的思维习惯、生活喜好。将符合时代要求、贴近青年学生的具有正能量的话语、具有良好公共形象的公众人物、具有启发和教育意义的热词等巧妙地运用到教育教学中。

（二）挖掘

在挖掘环节，充分挖掘专业知识所蕴藏的人文精神与科学精神、所凝结的思想要素与德性涵养等思政元素，通过"浸润式"教育达到化育无形的效果。

一是保证质量优先。一门课的思政元素数量必须恰到好处，因此，把握合适的"准量"是保障课程思政"高质"的前提，要把准大方向、抓住关键点，深入挖掘课程内容中蕴含的关键思政元素，提炼思政元素的精髓。二是做到举一反三。教师可以通过某个专业知识点中的名词来找出与之相契合的思政元素，也可以根据已有的思政元素引申出更多的、具有良好匹配度的价值拓展点，这就需要教师做好前期工作，将思政元素全面收集、掌握熟练、使用科学。在课堂上，要结合课程特点、授课重点、教学难点，挖掘适宜的课程思政元素，将之有机融入课堂教学。例如，在东北大学"数据科学思维与大数据智能分析技术"课程教学中，将数据科学研究的"非独立同分布"关系巧妙引申到"人类命运共同体"理念；在数据的客观性与数据研究等内容中，引导学生养成辩证思维、敢于质疑真理的创新精神。

（三）关联

在关联环节，根据学科特点和课程特质，将蕴藏在知识的表层符号和内在结构中的价值元素与学生的个人经验、生命体验深层关联，科学设计方案、有序实施教学。

一是将专业方向与思政元素相对应。理学、工学类课程可以将专业课程相关内容与探索未知、追求真理、勇攀科学高峰等内容相对应；农学类课程可以将专业知识与懂农业、爱农村、爱农民，启发学生的"三农"情怀等对应；医学类课程可以与"医者仁心"教育、医德医风等对应。二是将专业逻辑与思政元素相对应。不同专业和不同学科都具有塑造学生思维的功能、都具有方法论的价值，都会对学生的世界观、人生观、价值观产生重要影响。将专业逻辑对应思政元素，本身就是教育学以进德、立德修身的价值体现和实践要求。

（四）架构

在架构环节，要在尊重学生认知规律和履行高等教育职责使命基础上，进行资源整理和形式创新，对课程进行科学合理架构。

一是整理资源。专业教师在进行专业知识、思政元素、青年语料的准备、扩展、学习等工作基础上，做好学情分析，对前导课程进行延伸、为后续课程打好基础。二是创新形式。对专业知识中的思政元素进行挖掘，合理关联专业知识与思政元素，采用实验实训、情境模拟、游戏互动等方式加强知识共享和情感交流，于无形中实现价值"塑形"。

（五）优化

在优化环节，教师要注重课程思政的自我评估和效果评价反馈，不断优化课程思政的方式方法，改进教学模式，提升教育效能。

一是动态跟踪。教师要对课程整体实施科学的设计和计划，实施过程中适时采取不同的方式检验教学效果，实时掌握学生对专业知识的掌握程度、随时了解学生对思政元素的接受和消化程度。二是优化内容。在动态跟踪基础上，及时对教学设计和计划进行动态调整、修订，并逐步提高教学设计多样性、创新性和教学实践的科学性，使课程内容更有"灵魂"，有滋有味。随后，由一门课程的优化为全校课程思政的顶层设计、全局推进奠定良好的基础，形成一个有序的闭环，促进课程思政反馈和优化的良性循环。

（六）涵育

在涵育环节，要通过以上五个环节的层层实施，激活课程的价值属性，涵育学生的精神世界，将课程中蕴含的价值理念外化为师生教与学的行为表现和实践。

在东北大学"地下结构设计"课程教学中，教师在授课之前，自然地引用北京大兴国际机场建设工程做导入案例，贴近实际、贴近学生、贴近学科，激发学生的自豪感，让学生在自豪中强化职业理想、明确历史责任，不仅认识到"以北京大兴国际机场为代表的工程让全世界刮目相看，这正是一代代土木人用智慧和汗水拼命干出来的"，而且很自然地过渡到"地下空间将成为未来土木工程建设的主阵地，也将成为助推国家发展的重要空间资源",在无形之中融入有效的价值引领。由此可见,基于 BEACON 模式的课程思政建设生成路径遵循了课程思政的内在逻辑和教学规律,从课程内容的选择、组织、实施等方面理顺了各门课程开展课程思政的基本步骤和工作方法,具有极强的推广价值和可复制性。

二、BEACON 模式的效能分析

基于 BEACON 模式的课程思政建设生成路径探索,可以充分发挥好教师队伍"主力军"、课程建设"主战场"、课堂教学"主渠道"的作用,切实把思想政治教育贯穿于教学实践的全过程。

注重整体化构建,有效促进教育内容设计的系统性。宏观上,BEACON 模式以理想信念教育为核心,以社会主义核心价值观为引领,以全面提高人才培养质量为关键,实现了思想政治教育与知识体系教育的有机统一。中观上,推进 BEACON 模式,可以实现教育主体、教育客体、教育环体等要素的整体协同。微观上,实施 BEACON 模式,可以科学梳理各门课程所蕴含的思想政治教育元素和所承载的思想政治教育功能,做到授课教师有方向、课程设计有灵魂、课堂教学有活力,进而由点到面,释放所有课程的思政教育功能。

注重渐进化推进,有效彰显教育教学开展的规律性。课程思政要求教师必须将知识传递、能力培养和理想信念、价值观念、道德素质的教育结合起来,必须遵循教育教学的规律。推进 BEACON 模式,能够坚持问题和目标双导向,做到示范引领和全面推广相结合、统一规范和创新激励相结合、实践探索和理论研究相结合。推进 BEACON 模式，能够逐步引导广大教师推进思路攻坚、教材攻坚、教法攻坚，实现教育方式有创新、教学改革有成效。

注重动态化调整，有效提升教育效果评价的实效性。课程思政建设需要将教学质量评估和教育效果评价不断向人文素养、社会责任感等多维度延伸。推进 BEACON 模式，可以做到尊重实际、因事而化，不断深入分析各门课程实际情况，分类调研、精准施策，构建"建""评""改"一体化的完整教学效果评价系统体系，实现动态化、常态化、滚动化的评价。从背景评价、输入评价、过程评价、成果评价等方面，科学选择最佳评价手段，确定科学的指标和问题，科学测量、解释和评判课程思政建设的基本成效，实现知识与技能、过程与方法、情感态度与理想信念的统一，切实提高课程思政实效。

【拓展与借鉴】

武汉大学课程思政教学评价指南之爱国主义态度评价

（一）概念定义

爱国是指人们对自己所属国家的热爱之情。政治心理学基于情感性层面讨论爱国主义，强调对国家的自豪感、归属感和荣誉感。如康诺弗和费尔德曼认为，爱国主义是一种对国家深深的情感性归属感。科斯特曼和费什巴赫认为，它是爱所属国家和以国家为傲的程度。巴塔尔社会心理学将其视为群体成员对他们的群体和他们居住的国家的归属感。政治哲学不仅关注情感层面，还关注行为层面。如纳桑森将其定义为：对自己国家的特殊感情；对国家的个人认同感；对国家福祉的特别关注；愿意为了促进国家利益做出牺牲。

（二）维度划分

邹建平等结合爱国主义在政治心理学和政治哲学中的定义特点，认为爱国主义在本质上是个体对国家的一种正向、积极的态度。基于态度构成理论，建构了含价值性态度、情感性态度与行动性态度的三维度爱国主义概念框架（见图6-1）。

图6-1　爱国主义态度测评维度

（三）各维度态度具体解释（见表6-1）

表6-1　爱国主义态度测评维度解释

维　度	解　释
情感性态度	主要聚焦于国家自豪感和象征性爱国主义。具体分为： 对国民身份的情感； 对国家成就的情感； 对国家象征的情感
价值性态度	主要聚焦于盲目性爱国主义和建设性爱国主义。具体分为： 批判性； 条件性
行动性态度	主要聚焦于为国奉献的意愿

（四）问卷具体内容及题项

根据你自己的情况对下面问题的选项进行打分。其中"完全不同意—1""比较不同意—2""无所谓—3""比较同意—4""完全同意—5"。见表6-2。

表6-2 爱国主义态度问卷表

	题项	1	2	3	4	5
情感性态度	作为我们国家的公民,您觉得光荣吗?					
	您对我国的下列方面是否感到自豪:科学技术成就					
	您对我国的下列方面是否感到自豪:悠久的历史					
	您对我国的下列方面是否感到自豪:社会公平与平等					
	您对我国的下列方面是否感到自豪:社会保障制度					
	您对我国的下列方面是否感到自豪:辽阔国土和大好河山					
	您对我国的下列方面是否感到自豪:政府的管理方式					
价值性态度	当看到国旗升起的时候,我会很激动					
	当听到国歌响起的时候,我会很激动					
	批评中国的人,就不配做中国人(盲目爱国主义)					
	那些不支持中国的人,不配居住在中国(盲目爱国主义)					
	作为中国公民,我们不应该批评国家(盲目爱国主义)					
	如果一个人经常批评他的国家, 那就说明他不爱国(盲目爱国主义)					
行为性态度	为了国家,我愿意牺牲自己的利益					
	为了国家,我愿意牺牲我的生命					

（五）评价使用说明

1.评价对象

全体上课学生。

2.评分规则

该问卷为李克特五分量表，评价者根据自身真实感受进行5级打分。1—完全不同意，2—比较不同意，3—无所谓，4—比较同意，5—完全同意。每个维度的得分为各题项平均分。

3.说明

爱国主义情感的形成需要较长时间，因此短时间的跟踪评价数据意义不大。建议作为总括性了解。为了减少学生填答时的顾虑，本问卷不建议追踪个案数值。盲目爱国主义是价值性态度的一部分，因此本问卷中设置了"盲目爱国主义"的题项（4项）。在积分时应单独拎出计分，在结果分析时也应特别注意其指向性和方向性。盲目爱国主义应该作为对学生爱国主义态度评估的一个方面加以考虑，但建议不计入量化分数中。

（来源：《武汉大学课程思政教学评价指南（第一辑）》）

第三节　课程思政视域下创新创业教育的
提质增效研究

数字化、信息化和智能化技术的兴起和蓬勃发展，为"大众创业、万众创新"创造了更多的机遇，但同时也带来了一系列挑战，最直接的就是创新创业的主体——"人"的问题。"大学生是大众创业、万众创新的生力军，支持大学生创新创业具有重要意义。"作为创新创业教育的"当家人"，高校如何切实有效地提高学生的创新创业意识、创新创业能力和创新创业素养，以适应日新月异的环境变化成为当前最应该关注的问题。从创新创业教育的发展现状来看，高校虽然取得了一定的发展成果，但是仍然在教学目标、教学内容和教学形式等方面存在着诸多现实问题与挑战。2022 年 7 月 25 日，教育部等十部门联合印发《全面推进"大思政课"建设的工作方案》（以下简称《工作方案》），明确了"课程思政"进一步发展的建设方向和总体要求，强调"全面推进'大思政课'建设，要坚持以习近平新时代中国特色社会主义思想为指导，聚焦立德树人根本任务，推动用党的创新理论铸魂育人，不断增强针对性、提高有效性，实现入脑入心。……推动各类课程与思政课同向同行"。"课程思政作为一种新的教育理念，是新时期加强高校人才培养和思想政治教育的新要求、新举措、新方向，从根本上回应了为谁培养人、培养什么样的人、怎样培养人等重大理论与实践问题。"课程思政的提出，有助于我们从思想引领、顶层设计以及实践参与等方面着手，突破创新创业教育当前在教学目标、教学内容和教学形式等方面所面临的发展桎梏，为创新创业教育工作的进一步发展和改革提供了一个崭新的视角。

一、创新创业教育中课程思政建设的现状与问题

创新创业教育以创新为价值导向、以创业为实施手段，是创新和创业二者的有机结合，其最直接的目的就是培养创新创业人才。当前创新创业教育已经成为高等教育人才培养改革的重要突破口，是高校履行社会责任、推动经济结构调整、实

现创新驱动战略发展的重要阵地。作为输出创新创业人才的基础性工程，创新创业教育已经受到学界和业界越来越广泛的关注。与此同时，自教育部颁布《高等学校课程思政建设指导纲要》以来，课程思政建设也成为各高校创新创业教育所面临的重要课题。高校创新创业教育与课程思政建设都肩负着育人使命，两者具有共性规律，以课程思政推动创新创业教育人才培养模式改革升级，是创新创业教育发展的必经之路，对新形势下全面提高创新创业教育质量、培育高素质创新创业人才具有重要意义。但是，当前高校创新创业教育在落实课程思政建设的过程中仍面临诸多现实问题和挑战，具体表现在教学目标、教学内容和教学形式三个方面。

（一）教学目标

高校创新创业教育的教学目标中课程思政理念彰显不足，导致其教育理念无法深入人心。随着"大众创业，万众创新"的提出，创新创业课程及各类创新创业竞赛和活动层出不穷。但从创新创业教育的评价指标来看，这些课程、竞赛和活动过分聚焦于为学生带来成绩、荣誉和奖金等显性标准，缺乏长期性、深层次的课程思政理念的有效加持，使大多数高校学生对创新创业存在思想和认知上的偏差，缺乏合理正确的创新创业理念，创新创业相关的思想意识依然不够坚定。

（二）教学内容

高校创新创业教育的教学内容中课程思政元素挖掘不够，导致其教学效果与实际期待存在差距。创新创业教育中蕴含丰富的课程思政元素，如爱国主义教育、团队协作精神教育和创新精神教育等。但是，从现有各高校的创新创业课程内容来看，更多聚焦于书本知识和理论应用，忽视了创新创业教育内部所包含的深层思政意蕴，缺乏多维度内容的涉猎。

（三）教学形式

高校创新创业教育的教学形式中课程思政特色未得到充分展现，导致其课程亮点无法充分呈现。现有创新创业教育的教学形式更多将理论知识融入学生的思想意识中，缺乏通过实践的形式让学生真正地认知价值理念对于创新创业过程的重要性。具体而言，一方面，课堂活动的开展沿用了以往理论课程惯用的以书本、讲授和课堂为主的上课形式，缺乏对相关理论知识在实践场景中应用的关注和引导。另一方面，课下活动的开展常采用调查问卷、访谈等固有模式，调查和访谈的内容也聚焦于创新创业企业的经济效益、发展历程和规模等固定内容，缺乏多样化的课下活动开展形式，均未展现出课程思政"立体多元"的结构特色。

二、课程思政视域下创新创业教育的内涵和特征

（一）课程思政视域下创新创业教育的内涵

思想教育和政治教育是高校德育建设的重要组成部分，而课程思政强调的恰好是"以立德树人为目标，以全员、全程、全方位育人为引领，推进各类专业课程与思想政治理论课同向同行，发挥协同育人的作用"。高校课程思政建设作为由课程、教师和教材等诸多要素组成的综合系统，其系统性发展不仅依赖管理者、教育者和教育对象等不同主体的相互作用方面，还体现在课程思政目标的确定、内容的整合、方法的选择和路径

的优化等多方的有机结合和协调方面。课程思政建设作为落实完善我国立德树人根本任务的重要举措,是实现德育培养科学化、日常化和系统化的重要保障,是将传道授业解惑与育人育才相统一,进而促使各类课程与思想政治理论课程实现同向同行,形成协同育人效应的重要支撑。课程思政与创新创业教育同属于素质教育的范畴,对学生的思维培养、觉悟增强和能力提高等方面均具有重要的促进作用和关键的指导意义。

课程思政的提出,使高校创新创业教育的内涵更加丰富,具体表现在:原有只针对学生的创新创业意识、创新创业思维和创新创业能力的培养模式已不能够满足高校创新创业教育在新形势下的发展要求,推进学科高质量发展应该构建跨学科发展新机制。在课程思政视域下,创新创业教育在培养和提升学生的创新创业思维、创新创业意识和创新创业能力的过程中更强调:立德树人的思想引领、显隐结合的方法运用、科学创新的思维扩展、立体多元的结构指导以及协同育人的理念支撑。基于此,本书认为,课程思政视域下创新创业教育的内涵是以理论教育为基础、以思政教育为引领、以创新教育为关键和以创业教育为实践探索途径来培养高素质复合型创新创业人才的综合教育体系。

(二)课程思政视域下创新创业教育的特征

1. 教学目标聚焦创新创业人才的德学兼备

课程思政建设背景下,创新创业教育的教学目标与课程思政具有一致性,二者都致力于培养国家和社会发展所急需的综合素质人才。创新创业教育注重培养和提高学生创新创业思维、创新创业意识和创新创业能力等理论层面的素质;课程思政注重塑造和提升学生道德品质、思想觉悟和社会责任感等理念层面的素质。二者各有侧重，但相得益彰，均凸显出人才全面发展的重要性。因此，在课程思政视域下，创新创业教育的教学目标在原有目标基础上被赋予了新的时代内涵，要求既向学生传授创新创业的理论知识和基本技能，"又能引导大学生把创新创业的志向追求与国家社会的主流价值追求更好地结合起来，实现知识传授与价值塑造的有效衔接"，从而培养出德学兼备的创新创业人才。

2. 教学内容强调思政元素有效融入课程

课程思政建设背景下，创新创业教育的教学内容与课程思政具有相通性，二者传达出的理念具有你中有我、我中有你的关系。创新创业教育涉及企业家精神、企业社会责任和团结协作精神等聚焦于价值理念传播的内容；课程思政涉及遵纪守法、热爱祖国和艰苦奋斗等聚焦于思想理念推广的内容。二者畛域不同，但一脉相通，均凸显出人才价值观培养和理念塑造的重要性。因此，在课程思政视域下，创新创业教育的教学内容在原有内容基础上增添了新的维度，即思政元素的有效挖掘与融合，通过对思政元素的深入挖掘与有机融入，使学生在学习创新创业专业知识的同时，能够将相关思政理念内化于心、外化于行，从而充分发挥创新创业专业课程所承载的思政功效。

3. 教学形式突出显隐性教学形式相结合

课程思政和创新创业教育的教学形式具有互补性，二者在实现途径上有所区别，各有所长。创新创业教育主要以课堂讲授和课下实践相结合的显性媒介开展教学活动，课程思政则强调以隐性和潜移默化的方式发挥对受众群体的价值引领作用。二者瑕瑜互见，但相得益彰，有利于在具体实施过程中互通有无、博采众长。因此，在课程思政视域下，创新创业教育的教学形式在原有形式基础上增添了新的路径，即隐性的教学形式，如将体现社会主义核心价值观的典型案例等充分运用起来，使学生在潜移默化中接受社会主义核心价值观的熏陶并树立正确的价值观，从而实现显隐性教学形式的有效结合。

三、课程思政视域下创新创业教育提质增效的对策建议

2021 年 11 月，党的十九届六中全会召开，会议上通过的《中共中央关于党的百年奋斗重大成就和历史经验的决议》明确指出：教育的根本任务是立德树人，培养德智体美劳全面发展的社会主义建设者和接班人。党的十八大以来，特别是习近平总书记亲自主持召开学校思想政治理论课教师座谈会以来，习近平新时代中国特色社会主义思想铸魂育人成效明显，课程思政全面推进，其在育人育才过程中的重要作用正在进一步凸显。2022 年 4 月 25 日，习近平总书记在中国人民大学观摩思政课智慧教室现场教学时强调："思想政治理论课能否在立德树人中发挥应有作用，关键看重视不重视、适应不适应、做得好不好。"基于此，本书依据当前高校创新创业教育在落实课程思政过程中所面临的问题与挑战，并结合其在课程思政视域下的内涵和特征，从教学目标、教学内容和教学形式三个方面提出促进创新创业教育提质增效的一系列对策建议。

（一）教学目标：崇尚不忘初心重信念

树人先立德，立德先立志。立志即坚定理想信念。理想信念于个人、社会和国家而言，恰似根于树的意义。只有拥有坚定和正确的理想信念，才能让个人前途大放异彩、社会氛围欣欣向荣、国家发展繁荣昌盛。做好思想引领是一切创新创业活动的起点和关键，在课程思政视域下，高校创新创业教育的教学目标应该注重学生多层次理想信念的培育，以充分彰显课程思政理念，从而引导学生以更为长期性和战略性的目标作为行动指引。

1. 引导学生体悟自身价值

传统的创新创业教育倾向于向学生传授更多理论知识，在这个过程中，忽视了对学生探索自身价值的有效引导。传道与授业、教书与育人、立德与树人，无不体现现代教育体系对于知识教育与价值教育相统一的要求。在课程思政视域下，高校创新创业教育应充分发挥课程思政"显隐结合"的方法论优势，将隐性的思想政治理念"润物细无声"地融入显性的理论知识之中，可以采用课上讲授、课中对话、课下反馈的链条式追踪机制，使学生"在学中思、在思中学"。首先，在课上讲授的过程中，教师应将思政理念有效融入教材、课件、思考与讨论等内容之中，使学生在知识的初步获取阶段就意识到学习创新创业课程对自身发展的深层次意义和价值。其次，在课中对话的过程中，教师应对学生的相关理论知识的理解加以引导，避免单一化和片面化的理解，使学生在知识的消化吸收阶段深入思考和重塑自身的学习目标和动机。最后，在课下反馈的过程中，教师应对学生的显性理论知识的掌握程度和隐性价值观念的提升程度予以同等重视，使学生在知识的实际运用阶段综合考虑自身所能发挥的价值。据此，促进学生对于开展创新创业活动的"5H"（即"为什么开展、什么时候开展、在哪里开展、开展过程中需要什么和怎样开展"）问题的思考、理解和认识，进而加强其在设置创新创业目标、拟定创新创业计划和探索创新创业路径的过程中，以自己的最终目标为导向、全局战略为指挥、个人价值观为引导，避免因小失大的短视行为。

2. 引导学生心系社会发展

在传统的创新创业教育模式中，学生比较关注创新创业活动能够为自身带来的经济效益、技术增益和名誉利益。在这个过程中，忽视了创新创业活动在社会进步和发展过程中所扮演的重要角色。在课程思政视域下，高校创新创业教育应充分发挥其"科学创新"的思维优势，以更加丰富多元和切实有效的方式拓宽学生的视野、提升学生的格局。一方面，高校应加强关于创新创业实践经验的分享、交流和互动平台的建设。平台建设可以以学生、教师、创业者和企业家等多主体为用户群，开展汇报、访谈和头脑风暴等多种形式的活动，针对创新创业实践的热点话题（如创新创业活动对于社会发展的重要性、影响过程和具体成效等）展开深入探讨和交流。另一方面，高校应为学生提供更多走入社会、亲近社会和体验社会的机会，加强学生理论联系实践的能力。据此，使学生在充分了解社会发展现状、感受社会现实生活和挖掘社会潜在需求的基础上，做到在创新创业理论的学习阶段有心系社会发展的意识、在创新创业活动的开展阶段有心系社会发展的自觉、在创新创业实践的探索阶段有心系社会发展的行动。

3. 引导学生厚植家国情怀

在各类新兴技术扑面而来的今天，综合国力的竞争归根到底是人才的竞争。2021年4月，习近平总书记在清华大学考察时强调：广大青年要肩负历史使命，坚定前进信心，立大志、明大德、成大才、担大任，努力成为堪当民族复兴重任的时代新人。课程思政视域下，高校创新创业教育应紧扣其"立德树人"的本质，坚持"以德立身、以德立学、以德施教"的教育方针，重视激发和培育青年学生爱国、为国和报国的初心使命，引导学生厚植家国情怀。一方面，教师应加强教育引导，在创新创业课程中结合虚拟化还原、生动化设计、日常化场景和生活化体验等多种形式，引导学生意识到在创新创业的实践过程中爱国情怀的必要性和重要性。另一方面，教师还可以采用课上学习和课下实践、线上观影和线下走访相结合的双重并行机制，提高学生对创新创业过程中爱国情怀的认识、理解和感悟。

（二）教学内容：倡导有机结合重规划

高质量高等教育体系建设就是要秉持生态化的思维，全面观照高等教育体系的整体性逻辑和各要素的个性化逻辑，在提高各要素存在与运行质量的基础上，使之形成一个相互适应、相互促进的耦合结构，促进高等教育体系整体高效运行，并达到协同创新，实现持续、增值发展。在课程思政视域下，若想实现高校创新创业教育体系高质量、高效率和高标准的发展和改革，基于良好的思想引领，应承接好课程的整体规划，做好顶层设计：从健全相关制度建设、完善高校培养方案和加强师资队伍建设等多个层面着手，深入挖掘创新创业教育中所蕴含的丰富的课程思政元素，从根本上提升创新创业教育教学内容的深度和广度，响应国家发展的号召、顺应社会发展的形势和回应时代发展的需求。

1. 健全相关制度建设

创新创业教育的相关制度建设对于创新创业教育的改革和发展具有高屋建瓴的作用。在课程思政视域下，高校创新创业教育强调结构的立体和多元，即实现基础理论知识的传授、正确价值观念的塑造和多维实践能力的培养等教育活动的有机统一。相关制度的建设是高校、教育机构和教师等多个主体采取行动的风向标，在制度层面作好合理的规定、规划和布局，有利于为创新创业教育各层面工作顺利开展和改革提供科学的引导和坚实的支撑。一方面，在课程的开展过程中，高校应提高对创新创业类课程本身的重视程度，将创新创业类课程纳入教学体系的核心部分，并切实提高其开展实践教学和活动的比重，让学生有更多了解实践、接触实践、分析和解决实践问题的机会。另一方面，高校应完善现有创新创业类课程的评价制度，将思政要素引入创新创业教育选才育人的相关规划和具体标准之中，从而形成多样化的评价方式，实现对学生素质和能力的综合评价。

2. 完善高校培养方案

高校现有培养方案过分强调学生对于相关理论知识的掌握和相应技能的提升，忽视了对创新创业实践过程中个人品质、精神和价值观等方面的培养和考量。在课程思政视域下，高校创新创业教育应遵循其"协同育人"的教育理念，促进创新创业类课程与思想政治理论课程同向同行，从而实现学生全方位综合发展。一方面，在培养目标的设立方面，高校应明确培养什么人的问题。区别于传统理论课程以考试成绩为主的单一培养模式和评价标准，课程思政视域下的创新创业教育应把对学生思想政治品质的培养放在同等重要的位置，将输出全方位发展的综合型人才作为课程的培养目标。另一方面，在培养体系的建设方面，高校应明确怎样培养人的问题。创新创业类课程应充分发挥其源于实践、走向实践的独特优势，通过紧密联系实践挖掘丰富的课程开展形式，实现思政元素潜移默化地融入创新创业教育课程体系，提升学生的思想觉悟，从而有效促进其对创新创业教育的深入学习和认识。

3. 加强师资队伍建设

教师队伍建设水平的高低，直接关系到教育质量的优劣。创新创业教育作为学生理论联系实践最直接的尝试，高水平教师的带领和引导对于学生深入认识和思考创新创业教育中的思政理念发挥着重要作用。习近平总书记强调：思政课教师要有家国情怀，心里装着国家和民族，在党和人民的伟大实践中关注时代、关注社会，汲取养分、丰富思想。思想政治理论课与专业课同向同行的建设背景对高校创新创业课程的教师提出了同样的要求。首先，高校应该加强对教师队伍的思想引导，通过定期组织茶话会、分享会等活动，加深和促进对其思想动态的了解和引导，使其在思想上认识到课程思政对于创新创业教育的重要性。其次，高校应该加强对教师队伍的理论培训，将培训的参与和考评情况引入绩效评价体系，激励教师在理论上善于发现和提取创新创业教育之中的思政元素。最后，高校应该加强对教师队伍的技巧提升，通过模拟授课、实战训练和教学竞赛等多样化的形式，使教师在技巧上能运用"润物细无声"的方式将思政元素融入创新创业教育的开展过程之中。

（三）教学形式：提倡知行合一重实践

进入"互联网＋"新时代，网络技术突飞猛进，数据信息爆炸性增长，社会经历着深度转型，给当代学生在知识学习、信息获取和个性发展等多个方面均带来了极大的便利，当代学生对知识的诉求同以往相比发生了较大的变化。当代学生群体更加注重通过亲身体验和自我感受的方式来获取相关知识并提高自身认识。因此，若想在课程思政视域下有效实现创新创业教育的提质增效，就必须加强对创新创业教育实践活动各个环节的关注和重视，运用多样化的活动形式推进实践活动的有效开展，充分彰显课程思政"立体多元"的结构特色，切实助力创新创业教育充分展现课程亮点。

1. 促进实践活动跟踪

首先，在各实践主体开展创新创业实践活动之前，高校应加强正确的价值引导，以培训会、交流会和分享会等多种形式，充分发挥先进个人和团体的积极带头示范作用，使思想政治理念深入人心，潜移默化地对学生创新创业活动的开展过程产生引领和指导作用。其次，在各实践主体开展创新创业实践活动的过程中，高校应推动高年级与低年级合作形成互助小组，鼓励不同学院之间跨学科形成互动小组，促进师生共创形成合作小组，从而培育学生的团队合作、分工协作和服务他人等一系列对现实创新创业活动的顺利开展具有关键意义的精神品质。最后，在各实践主体开展创新创业实践活动结束后，高校应跟进即时的评价和反馈工作，评价标准的设置应强调思政元素的融入效果这一核心要素。具体来说，高校创新创业教师可以采用学生个人报告、视频讲解、团队答辩和分组辩论相结合的考核形式评价学生创新创业实践活动的开展效果，同时可以设置模范个人奖和团体奖等来激励那些在创新创业实践活动中有效融入课程思政理念的优秀个人和团队，使其以点带面形成良好的辐射和示范效应。

2. 加强实践平台联动

在课程思政视域下，教育部会同有关部门，充分调动现有各类基地和场馆，设立一批分专题、分类别，并且聚焦实践的"大思政课"教学基地，如与科技部联合设立科学精神专题实践教学基地，与国家文物局联合设立中华优秀传统文化、革命文化和社会主义先进文化专题实践教学基地，与中国关心下一代工作委员会联合设立党史新中国史教育专题实践教学基地等多个被赋予丰富思政理念的实践教学基地。实践教学基地是促进创新创业教育落地生效的关键环节和重要抓手。创新创业教育作为与实践联系较为紧密的学科之一，应该发挥好自身的学科专业特色优势，联合"大思政课"实践教学基地，建设一批有创新、有内容且有特色的"双创"实践教学基地，为深入实施大学生创新创业实践教学和训练提供窗口。具体而言，一方面，高校可以充分发挥大学科技园、创业园、创客空间和孵化基地等校内创新创业实践平台的介导作用，将"大思政课"实践教学基地的重要成果和创新形式合理吸纳并充分融入，使学生在学校内的初步实践探索阶段就逐渐形成开展创新创业活动的正确理念和认知。另一方面，有关部门可以大力推动科研院所、人力资源服务机构和科技创新型企业等具备先天资源禀赋的校外组织，根据自身的资源优势和发展特色，择优与当地"大思政课"实践教学基地建立起紧密的合作关系。基于此，相关部门可以进一步推出一系列融合创新创业教育实践特色和思政要素的纪录片、专题片和专题课件等课程素材，竞赛、志愿服务和社会调研等实践活动，以及产业园区、专题科技馆和纪念馆等实践活动场所。

3. 创新实践活动形式

高校创新创业教育的实践活动还存在内涵单薄、形式单调和主题单一等问题。在课程思政视域下，创新创业实践活动可以充分运用思政要素和"红色资源"。具体而言，一方面，高校可以将类似"技能成才，强国有我""小我融入大我，青春献给祖国""田野思政"等主题思政教育活动，与中国国际"互联网+"大学生创新创业大赛、"挑战杯"中国大学生创业计划竞赛和"创青春"全国大学生创业大赛等现有典型创新创业竞赛和实践活动相结合，打造出一系列符合新时代课程思政发展理念的精品竞赛活动，使学生"在学中做，在做中悟"。另一方面，高校可以利用在线直播、小视频和播客等新型网络传播平台，积极开展具有公益捐助、志愿服务和"三下乡"社会调研等性质的线上创新创业实践活动，在现有创新创业竞赛和活动的基础上，进行拓展和丰富，并将其中的优秀成果作为课堂教学和实践教学的经典案例和教学素材的有效补充。创新创业教育作为深入推进"大众创业，万众创新"的关键环节，承担着教育高质量发展和人才高质量培养的重要责任。本书通过对高校创新创业教育在课程思政建设过程中所面临的一系列问题与挑战进行梳理和分析，发现其在教学目标方面，课程思政理念彰显不足；在教学内容方面，课程思政元素挖掘不够；在教学形式方面，课程思政特色未得到充分展现。进一步地，本书阐释了课程思政视域下创新创业教育的内涵和特征，以期为创新创业教育的提质增效提供理论支撑，在此基础上，提出了高校应该在课程思政视域下，通过强调崇尚不忘初心重信念、倡导有机结合重规划和提倡知行合一重实践等对策来促进创新创业教育中课程思政理念的充分彰显、课程思政元素的有效挖掘和课程思政特色的充分展现，进而实现创新创业教育的提质增效，促进创新创业人才实现德智体美劳各方面综合发展，为新时代中国特色社会主义现代化强国建设源源不断地输送高素质、高水平、高潜力、重实践、讲诚信和勇担当的新时代创新创业人才。

【拓展与借鉴】

南昌大学聚焦"四力"支持学生创新创业

南昌大学深入学习贯彻习近平总书记关于教育的重要论述特别是给第三届中国"互联网＋"大学生创新创业大赛"青年红色筑梦之旅"大学生的重要回信精神，落实立德树人根本任务，坚持创新引领创业、创业带动就业，注重红色文化涵育和"双创"竞赛牵引，强化创业创新教育和服务平台建设，不断提升学生创新创业能力，促进学生全面发展。

传承"红色基因"，激发"双创"动力。将红色基因融入创新创业教育，大力弘扬井冈山精神，实施"星火引航计划"，打造星火课堂、星火仪式、星火行动、星火阵地"四个平台"，组织师生重走小平小道、党员宣誓仪式等活动，引导学生坚定理想信念、锤炼意志品质。成立井冈山研究中心，建设红色文化馆，打造校史馆、博物馆、文创馆等文化育人平台，开展"跨越时空的井冈山精神""唱响红色经典""红色走读""诵读红色家书"等活动，积极营造"红色引领、科研提升、教学相长"的创新创业校园环境。将红色基因融入创新创业实践，由学校本硕博学生组成的"稻渔工程"团队在江西10万余亩稻田里推广"稻虾、稻蟹、稻鱼"等混养模式，实现"一水两用、一田双收"，受益农民700余户，惠及5000余人，2020年被评为"中国青年五四奖章集体"。团队孵化出"富甲天下""新青年讲习所""珍蚌珍美"等创新创业团队，足迹遍布江西、重庆、湖南等8个省（直辖市）63个城镇，技术服务51家企业，开展科技兴农活动，帮助农民增产增收，助力乡村全面振兴。

深化创新改革，提升"双创"能力。成立以校长为组长的创新创业教育改革工作领导小组，出台《南昌大学深化创新创业教育改革实施意见》，将创新创业教育融入本科教育教学综合改革和建设高水平大学整体方案，纳入学校"十四五"发展规划。实行多学科融合贯通培养，打破学科和专业界限，构建由"公共基础课程＋通识教育课程＋专业教育课程＋创新创业教育课程"组成的学科交叉融合、专业互通集成的多学科一体化课程体系。优化人才培养方案，设置创新创业学分，将"双创"教育融入人才培养全过程。截至目前，学校共开设创新创业课程221门，"创业＋"专业课程11门，更新创新实验（实践）课程498门。跨学院、跨学科组建际銮书院、未来技术学院、人工智能学院，开设人工智能、新功能材料与技术、空间物理等新工科创新人才培养实验班，探索由学院提供课程、行业企业提供支持的拔尖创新人才培养体系。实行校内外"双导师"制度，吸引行业、产业优秀人才担任导师，打造以专职教师为主、专兼职结合的创新创业师资队伍，已组建近1800人的创新创业导师库，为学生创新创业提供专业指导和支持。

突出竞赛牵引，增添"双创"活力。出台《南昌大学大学生学科竞赛管理办法（修订）》《关于鼓励师生参加中国国际"互联网+"大学生创新创业大赛的实施意见》等文件，强化竞赛牵引，突出学院特色，打造"一院一赛"品牌，着力提高大学生综合素质和实践能力。创新协同育人机制，实施卓越计划2.0，面向本科生开放实验室，引导学生早进实验室、早进科研团队，参与科研训练项目和创新创业训练计划项目，为学生创新创业提供有力条件保障。出台《南昌大学三学期制实施方案》，将春秋两学期变更为春夏秋三学期，注重学生自主学习和创新能力培养，支持学生创新创业实践，推动实现学生参加创新创业实践活动全覆盖。学校2005年成立的机器人学生创新团队在历年"全国大学生机器人大赛""全国大学生机械创新设计大赛"等赛事中获奖100余项。近年来，机器人创新团队中已有20余名本科生创办了10余家企业，发展态势良好。

促进产教融合，汇聚"双创"合力。加强校政、校企合作，推进产学研用深度结合，打造"教育—实践—孵化—转化"系统完整培育链、转化链,多方协作汇聚支持学生"双创"的合力。构建校院两级创新创业孵化空间,依托校企合作创立的"汇智创客空间",设置"互联网+"、文化艺术、智能制造、文创产品等成果孵化区和成果孵化基金,建设大学生创新创业服务网,设立大学生创业发展基金和创新创业奖学金,打造学校内部良好创新创业生态。依托学校科技园发光材料、食品工程等十大专业技术服务平台,为"双创"提供完善的设施服务。以"互联网+"大赛为平台,推进创新创业项目与地方产业发展深度融合。学校荣获第七届中国国际"互联网+"大学生创新创业大赛冠军的"中科光芯—硅基无荧光粉发光芯片产业化应用"项目硅衬底 LED 技术相关成果已发展成上中下游产业链,推出近百种 LED 芯片、器件和应用产品,每年产销额超 20 亿元,有效带动了相关产业发展。

(来源:教育部简报〔2021〕第 54 期)

参考文献

[1] 国务院办公厅关于进一步支持大学生创新创业的指导意见 [EB/OL]. (2021−10−12)[2022−08−30].http://www.gov.cn/zhengce/content/2021−10/12/content_5642037.htm.

[2] 全面推进"大思政课"建设的工作方案 [EB/OL].(2022−08−24)[2022−08−30].http://www.gov.cn/zhengce/zhengceku/2022−08/24/content_5706623.htm.

[3] 张大良 . 课程思政：新时期立德树人的根本遵循 [J]. 中国高教研究 ,2021(1):5−9.

[4] 马永霞 , 孟尚尚 . 高质量发展背景下创新创业教育质量提升路径研究：基于 50 所高校的模糊集定性比较分析 [J]. 高教探索 ,2022(2):13−21.

[5] 关春燕 , 何淑贞 . 协同理论视阈下高校创新创业教育课程思政体系建设研究 [J]. 学校党建与思想教育 ,2022(12):49−51.

[6] 王超 , 杨辉 . 高校创新创业教育问题及对策研究 [J]. 科技创新与品牌 ,2021(9):69−72.

[7] 杜俊义 , 吴琼 . 高校创新创业教育与课程思政的有机融合路径研究 [J]. 教书育人 (高教论坛),2022(30):78−81.

[8] 张小斌 , 吴小平 . "课程思政"视域下高职"双创"学科建设的思考：以江西旅游商贸职业学院为例 [J]. 职教论坛 ,2019(11):124−128.

[9] 黄宁花 , 禹旭才 . 系统思维视域下高校课程思政建设的价值意蕴、实践反思与优化路径 [J]. 高校教育管理 ,2022(5):106−115.

[10] 李元元 . 建设一流大学立德树人体系：华中科技大学的探索与实践 [J]. 高等教育研究 ,2022(4):1−7.

[11] 李立国 . 跨学科视野下的学科高质量发展 [J]. 教育发展研究 ,2022(11):4−6.

[12] 顾美霞 , 欧阳倩兰 . 课程思政视角下的高校创新创业课程建设 [J]. 学校党建与思想教育 ,2020(24):71−72.

[13] 刘建军 . 课程思政：内涵、特点与路径 [J]. 教育研究 ,2020(9):28−33.

[14] 尹夏楠 , 孙妍玲 . 专业思政与课程思政一体化建设的探索与实践 [J]. 山西财经大学学报 ,2022(增刊 1):127−129.

[15] 中共中央关于党的百年奋斗重大成就和历史经验的决议 [EB/OL].(2021−11−16)[2022−08−30].http://www.gov.cn/zhengce/202111/16/content_5651269.htm.

[16] 习近平在中国人民大学考察时强调：坚持党的领导传承红色基因扎根中国大地走出一条建设中国特色世界一流大学新路 [EB/OL].(2022−04−25)[2022−08−30].http://www.gov.cn/xinwen/2022−04/25/content_5687105.htm.

[17] 石海君,黄蓉生."思政课的本质是讲道理"的深刻蕴涵与实现路径 [J]. 思想理论教育,2022(8):16-22.

[18] 张驰,宋来."课程思政"升级与深化的三维向度 [J]. 思想教育研究,2020(2):93-98.

[19] 赵婀娜,张烁,丁雅诵,等.不忘初心、牢记使命,为党育人、为国育才 [N]. 人民日报,2021-04-21(1).

[20] 张继明.高质量高等教育体系语境下合作型高校校际关系的建构 [J]. 高校教育管理,2022(4):20-30.

[21] 蓝晓霞.三个向度讲好新时代的"大思政课" [N]. 中国青年报,2021-09-02(1).

[22] 王鑫.创客文化视域下高校创新创业教育的影响因素与内涵优化 [J]. 思想理论教育,2021(2):106-111.

"才者，德之资也；德者，才之帅也。"人才培养一定是育人和育才相统一的过程，而育人是本。人无德不立，育人的根本在于立德。这是人才培养的辩证法。办学就要尊重这个规律，否则就办不好学。要把立德树人的成效作为检验学校一切工作的根本标准，真正做到以文化人、以德育人，不断提高学生思想水平、政治觉悟、道德品质、文化素养，做到明大德、守公德、严私德。要把立德树人内化到大学建设和管理各领域、各方面、各环节，做到以树人为核心，以立德为根本。

——习近平总书记 2018 年 5 月 2 日在北京大学师生座谈会上的讲话

第七章
困境与突围：育知和育德的有机融合

课程思政是一个复杂、开放、动态的生成性系统。如何做到育知和育德的有机融合、达到育才和育人的真正统一，是当前各高校落实立德树人根本任务、回归课程教学本然逻辑轨道、实现教育价值旨归的重点难点。

教育部课程思政教学研究中心（东北大学）（以下简称"中心"）从理念架构、理论研究、设计谋划、组织实施、评价优化等多维度切入，在具体实践中总结规律、凝练经验、创新模式、丰富内容，着力破解课程思政建设中遇到的困境，推进课程思政实效化、高水平发展。

第一节　破解教育内容阐发的困境

课程思政强调"知识是载体，价值是目的，要寓价值观引导于知识传授之中"。课程思政要将被刻意"淡化"、习惯性"遗忘"、无意识"忽略"的育人向度在每一门课程中进行"重申"和"规定"，这不是对各门课程知识传授和能力培养功能的消解，不是对课程内容和授课时间的挤压，而是对课程价值的进一步彰显。

但在推进课程思政建设的过程中，部分教师往往把"思政"理解为机械的道德输出、简单的价值传递、表面的政治话语浇灌，忽略了思政元素的内生性特征，依据个人理解设定课程思政的过度"政治化"目标，甚至移植套用思政课程的内容，缺乏系统挖掘专业知识所蕴含的精神价值的能动性。同时，由于部分专业课教师缺乏体系化的思政意识、思政素养，难以将思政教育观念贯连成线，不能将思政元素进行合规律、合逻辑、合目的的科学阐释，无法使知识传授与价值引领达成"基因式"融合，造成"无效做功"，难以实现入眼入耳入脑入心的功效。这不仅与课程思政的要求背道而驰，甚至会引发学生的抵触、拒斥情绪，导致"反教育"效果，使各类课程不能与思想政治理论课同向同行、形成协同效应。

为了破解内容阐发上的困境，中心打造出多门课程思政示范课程，通过观摩示范、案例解析、经验共享等，积极引导教师向"编剧""导演""演员""主持人""发言人"等多重角色适时转换，一体化推进"策划—采集—编辑—展现—复盘"的全流程优化。

例如，在东北大学计算机技术专业硕士研究生必修课"数据科学思维与大数据智能分析技术"的课程思政建设中，教师带领学生探讨数据科学思维、数据智能化分析技术所带来的科学、技术、经济方面的变革、创新和机遇，并在此基础上根据专业特点、学情实际，充分挖掘数据科学知识背后所蕴含的思政元素；从"心""脑""体"三方面重塑数据科学思维体系，探讨在大数据与人工智能时代如何引导学生构建数据科学思维体系，在潜移默化中培养学生的辩证思维、洞见式分析推理、批判性思考等能力；在教学中，将数据科学研究的"非独立同分布"关系巧妙引申到"人类命运共同体"理念；在数据的客观性、数据研究等课程内容教学中，引导学生养成敢于质疑的创新精神。

基于示范课程建设的有益经验，中心提出，课程思政建设必须在把握方向性和原则性的基础上，注重诠释方式的技术性、艺术性和多样性。从课程设计入手，充分考虑学生的时代特点和现实需求，将优势资源和创新要素有效汇聚，横向贯通、纵向延伸，推进课程思政整体规划与立体设计，厘清原理、坚持真理、探索道理。厘清原理，就是要关注前沿性、前瞻性、颠覆性的学术研究成果和方向，增加研究性、创新性、综合性教学内容，拓展教学内容的广度和深度；坚持真理，就是要进一步巩固马克思主义意识形态指导地位，坚持用习近平新时代中国特色社会主义思想指导实践，坚持好、运用好贯穿其中的立场观点方法；探索道理，就是通过推进知识从价值无涉到价值引领的复归，进一步实现价值观认知认同向践行践诺转变，启发教育对象将主流价值观转化为内在价值追求和外在实践自觉。

东北大学核心专业课"电力系统分析"的课程思政建设，在实现专业知识和思政元素有机融合、科学阐释价值引领方面进行了许多有效的探索。一是在纵横对比中增强学生自信。通过梳理电力系统的发展历史提升学生的道路自信，通过研判电力系统的未来发展强化学生的使命担当，通过与国际先进技术对比让学生找准创新抓手和突破方向。二是在对照国情中说明专业特点。通过讲解中国地域特点引导学生理解我国发展特高压输电工程实现西电东送的必然选择，通过讲解我国资源禀赋引导学生理解我国发展光伏风电产业实现能源转型的必然性。三是在专业知识传递中提升情怀。从科学研究对于人类社会发展进程的影响分析科技发展的利与弊，教育引导学生重视科研伦理、树立社会责任感。

【拓展与借鉴】

东北大学把"课程思政"建在"云端"

"火神山医院共装设 14600 千伏安变压器，满负荷运行，1天可保障医院最多用电 35 万度。如果和普通居民家的用电容量相比较，医院用电相当于约 4000 户居民。从'火神山'和'雷神山'供电系统对比，我们来看本节课的知识点……"

2 月 24 日 8 时，东北大学孙秋野教授在"电力系统分析导论"课上，结合时事热点，与学生畅叙这次疫情防控阻击战中的科技力量。

话题一抛出，学生的热度瞬间被点燃。"孙老师将课程知识同工程建设实际相结合，把抽象的问题具体化，向大家介绍防疫战场上的'中国速度'与'中国态度'。"东北大学 2017级本科生殷伟豪说。

"全部线上教学课程中要实现'课程思政'建设工作全覆盖、坚持正确的政治导向、强化正向的价值引领、渗透积极的人文关怀……"东北大学"云端"开课前，学校就要求广大教师抓住在线教学的有利契机，在特殊时期把"课程思政"建设推向纵深。

紧贴时政热点，融入鲜活案例

"为实现方舱医院有效控制传染源、最大限度救治患者的目标，就要在最短的时间内以最小的成本完成建设，这要求制冷空调系统必须能够长时间高负荷运行。典型供热供冷系统包括整体式空调系统、空气源热泵集中热水系统等。"

2月28日上午，东北大学冶金学院热能系教师董辉线上讲授"制冷原理与装置"课程，从武汉方舱医院空调系统切入，迅速调动起学生的学习热情和专业责任感。

"云上的日子"，在完成知识传授、能力培养的同时，广大教师们更有意识地强化对学生进行定制化、精准化的思政教育，赓续东北大学骨子里的家国情怀。

困难帮扶和情感呵护，在特殊时期一点不可少。

"谢谢老师的指点与鼓励，这些天太煎熬了，跟您沟通后心情开朗了不少，等我改完之后，把设计结构的底层和标准层给您发过来！"2016级本科生冯亮，看着自己改了一遍遍的毕业设计建筑方案，觉得很焦虑，找到指导教师康玉梅寻求帮助。在得到老师的悉心指导后，他信心倍增，对方案的设计也增添了灵感。

东北大学教师康玉梅，深入挖掘防疫阻击战中蕴含的育人元素，并融入到学生毕业设计指导中。"79岁的建筑学家黄锡璆，把小汤山医院设计上还可以优化的环节逐一整理出来，发给武汉的设计团队；土木人在武汉火神山、雷神山医院的建造过程中发挥了重要作用，十天交付工程彰显中国奇迹。"康玉梅在"毕业设计"微信群里，与同学们共享大量疫情防控期间我国土木工程方面取得的骄人战绩。

巧妙溶盐于水，实现精准滴灌

通信卫星覆盖地球面积的估算，生物信息学中蛋白质结构比对和预测问题……大量实际问题的解决，离不开数值分析作出的贡献。

东北大学"网红"高数教师邵新慧，在给学生上"数值分析"在线课时，讲解"误差"概念，播放了短视频《科学重器，失之毫厘，谬以千里……一秒之差竟然影响这么大》以及《我和我的祖国》中"香港回归"小节，让学生从实际应用案例中体会"误差"在生产生活中的影响，包括有时甚至涉及国家主权的情况，培养学生严谨求实的科研精神和科技报国的家国情怀。

"在介绍稳定性和算法安全的概念时，邵老师告诫我们在科研过程中，一定要牢固树立国家安全意识，国家安全问题与我们每个青年学子的生活息息相关，并非遥不可及。"东北大学自动化专业 2018 级学生裴梓钧说。

课程思政建设，难就难在思政内容和专业知识相结合时容易形成"两层皮"。怎样把握好课程思政的"时""效""度"？这就需要教师深入挖掘思政元素所蕴含的价值精髓，点滴渗透。

"相传，牛顿在瘟疫期间回到了家乡，在家乡一年半的时间里，得出了力学三定律、万有引力定律的科学发现。我们物理实验教学中心带领同学在家开展物理实验，给同学们一个优质的研究型学习平台，相信在返校之时，会有一些同学在家的成果能形成论文，会宅出几个东大版牛顿！"大学物理实验教学中心王旗老师用幽默的话语，鼓励同学们用好在线平台，探究科学的真谛。

坚定文化自信，讲好中国故事

"中国被称作'基建狂魔'，以北京大兴国际机场为代表的工程让全世界刮目相看，这正是一代代土木人用智慧和汗水拼命干出来的。"

"地下空间将成为未来土木工程建设的主阵地，也将成为助推国家发展的重要空间资源！"

2 月 27 日下午两点，东北大学王述红教授，与 58 名 2017 级本科生相约"云端"，讲授"地下结构设计"课。课上，这样引导学生将知识内化为价值追求的金句频现。

"深入挖掘并宣讲疫情防控期间体现中国特色社会主义制度优越性、国家治理体系和治理能力比较优势、中华民族坚强不屈的意志，彰显职业道德、社会公德、家庭美德、个人品德的优秀事迹，引导青年学子形成热爱祖国、热爱人民、崇尚科学、甘于奉献、勇于担当的价值导向，是我们立德树人应尽的义务。"东北大学党委书记熊晓梅表示。

"这次'疫情大考'，极好地彰显了我们的制度优势。中国特色社会主义，就如同神经网络坎坷不平的发展历程一样，中国特色社会主义道路的光明前景，中国人民最清楚，也最有发言权。"东北大学计算机科学与工程学院副教授于亚新在给研究生讲授"数据科学思维与大数据智能分析技术"时，这样说道。

课比天大。满屏的"点赞"弹幕、整齐的走心好评，东北大学云端"课程思政"，正滋养着一颗颗心灵拔节生长……

（来源：2020 年 3 月 2 日；人民网，有改动）

第二节　破解多元主体协同的困境

课程思政要"坚持全员全过程全方位育人，把思想价值引领贯穿教育教学全过程和各环节"，但具体实践中经常出现组织力量分散疏离、主体责任边界模糊、协同协作渠道阻滞等问题。

课程思政建设在部分教育教学单位仍处于自由探索阶段，局限于某些课程、某些部门和部分人的单打独斗，缺乏统一的规划指导、运行管理、支持保障，尚未实现由"兴趣使然"到"教育应然"的现实转换；各类主体职责划分模糊，存在多个部门任务重叠或割裂的情况，使得指导理念、工作设计、实践路径过于驳杂、缺乏一致性，造成课程思政建设深入程度不足、实效性不强，整体呈现不平衡、不充分状态；在课程思政建设中，专业型、区域型等不同类型优质资源共建共享交流平台搭建不足，造成各专业教师群体间出现价值疏离和场域疏离，导致部分专业课教学尚未实现由"知识—教学"的对应关系过渡至"知识＋价值观—教学"的多维立体关系，在一定程度上制约了课程思政目标的科学实现。

基于上述困境，中心提出"一二三"解决策略，打造全要素课程思政运行管理体系。一体化推进、开展"有组织教研"。学校党委书记亲自抓课程思政建设，规划"课程、专业、教材、师资、评价"五大任务，组建专家委员会统筹指导推进课程思政的理论与实践研究。两中心并重，实现师生双向互驱。以施教者能力为关键，搭建"政思正行"课程思政大讲堂等平台载体，大力开展师资培训，以"思政元素库""教学案例库"等 10 余个资源库为基础搭建云端"课程思政资源平台"；以受教者需求为突破口，滚动开展课程思政质量跟踪调查，科学诊断、精准画像，依据学生的反馈结果适时调整建设方案和实施办法，实现课程思政"建—评—改"系统优化。三路径结合，完善实施保障措施。坚持打造标准与激励创新、典型示范与全面推广、实践探索与理论研究相结合，贯通本硕博全类型培养，衔接课程体系、专业体系、学科体系全链条。

为推进多元协同提质增效，中心在实践经验基础上加强理论研究，探索出课程思政建设的 BEACON 模式，以"拓展、挖掘、关联、架构、优化、涵育"为主体，贯通教学内容、教学设计、教学效果理论体系，科学指导实践。在教学内容层面，通过拓展和挖掘环节将专业知识与思政元素融合，形成兼具"知识传授和价值塑造"的内容体系；在教学设计层面，通过关联、架构和优化环节进行内容重塑和方法再造；在教学效果层面，激活课程价值属性，涵育学生精神世界，将课程价值理念外化为学生的行为实践。

【拓展与借鉴】

七类专业课程有机融入、鼓励思政课与专业课教师合作教学教研、纳入教师考核评价——高校课程思政建设全面推进

各门课如何守好一段渠、种好责任田，与思想政治理论课同向同行，形成协同效应？教育部近日印发《高等学校课程思

政建设指导纲要》(以下简称《纲要》)，为此前部分地区和高校探索实践的课程思政建设明方向、划重点、定规则，课程思政建设成为覆盖全国所有地区、所有高校的制度性工作。

《纲要》明确强调，要在所有高校、所有学科专业全面推进高校课程思政建设，系统进行中国特色社会主义和中国梦教育、社会主义核心价值观教育、法治教育、劳动教育、心理健康教育、中华优秀传统文化教育，切实提升立德树人的成效。

"高校教师的80%是专业教师，课程的80%是专业课程，学生学习时间的80%用于专业学习，专业课程教学是课程思政最主要的依托。"教育部高教司相关负责人表示，当前，高校中还不同程度存在专业教育与思想政治教育"两张皮"现象，要把教育教学作为最基础最根本的工作，构建更高水平人才培养体系，促进学生全面发展。

重内容：七类专业课程有机融入，切忌"贴标签""两张皮"

课程思政怎么上？一段时间以来，这成为困扰不少专业课教师的难题。一些教师和学生反映，具体实践中课程思政简单"贴标签"的现象依然存在，一些专业课堂"只有课程没有思政"，这背后，缺乏对不同类型、学科专业课程有区分度的教学指导是关键。

如此"蜻蜓点水"式的课程思政被《纲要》明令叫停。记者注意到，《纲要》在坚决防止"贴标签""两张皮"、强调要构建科学合理的课程思政教学体系的同时，按照公共基础课、专业课、实践类课程3种课程类型，分别明确了每类课程进行课程思政建设的重点。其中，又按照学科专业特点，分别提出文史哲类、经管法类、教育学类、理工类、农学类、医学类、艺术类七大类专业课程的具体建设目标。

比如理学、工学类专业强调要在课程教学中把马克思主义立场观点方法的教育与科学精神的培养结合起来。理学类要注重科学思维方法的训练和科学伦理的教育，培养学生探索未知、追求真理、勇攀科学高峰的责任感和使命感；工学类要注重强化学生工程伦理教育，培养学生精益求精的大国工匠精神。农学类专业则强调要在课程教学中加强生态文明教育，引导学生树立和践行绿水青山就是金山银山的理念，注重培养学生的"大国三农"情怀等。

"课程思政建设要深度浸润每一门课程的教学内容和方法，在保证专业教学水准的前提下，自然融入思政元素，使价值塑造内生为课程教学中有机的、不可或缺的组成部分。"复旦大学副校长徐雷表示，课程思政建设不是只建几门课的样板工程，而是要构建全面覆盖、类型丰富、层次递进、相互支撑的课程思政体系，思政元素应与专业知识内容交织交融、相辅相成，起到拨动心弦、引起共鸣的点睛之效，实现教书和育人的相互促进、相得益彰。

畅渠道：融入教学建设全过程，深入挖掘第二课堂思政元素

要让课程思政真正落实落地，课堂教学是主渠道。记者注意到，《纲要》强调要把课程思政融入课堂教学建设的全过程。

在课堂教学管理上，《纲要》明确课程思政要作为课程设置、教学大纲核准和教案评价的重要内容，落实到课程目标设计、教学大纲修订、教材编审选用、教案课件编写各方面，贯穿于课堂授课、教学研讨、实验实训、作业论文各环节。

在课堂形式上，《纲要》强调要综合运用第一课堂和第二课堂，特别是深入挖掘第二课堂的思政教育元素，深入开展多种形式的社会实践、志愿服务、实习实训活动，拓展课程思政建设方法和途径。

"当代大学生是在互联网环境下成长起来的一代，课程思政教学还要积极适应学生学习方式的转变，积极推进现代信息技术在课堂中的应用，创新课堂教学模式。"教育部高教司相关负责人表示。

强队伍：课程思政建设要求和内容将纳入教师相关培训

全面推进课程思政建设，教师是关键。《纲要》对提高教师课程思政建设的意识和能力提出了一系列创新要求。

教育部高教司相关负责人表示，这些举措可以用五个关键词来概括：一是"广共享"，建立健全优质资源共享机制，分区域、分学科专业领域开展经常性的典型经验交流、现场教学观摩、教师教学培训等；二是"强培训"，将课程思政建设要求和内容纳入教师岗前培训、在岗培训和师德师风、教学能力专题培训等；三是"重合作"，充分发挥教研室、教学团队、课程组等基层教学组织作用，建立课程思政集体教研制度，鼓励支持思政课教师与专业课教师合作教学教研；四是"树表率"，鼓励支持院士、"长江学者"等带头开展课程思政建设；五是"深研究"，加强课程思政建设重点、难点、前瞻性问题的研究，在教育部哲学社会科学研究项目中积极支持课程思政类研究选题。

"如何将知识传授与价值引领二者高度融合，并落实到教学活动中，培养学生的专业素养、家国情怀、人文情怀和世界胸怀，是每一位教师义不容辞的职责。"兰州大学党委书记马晓洁认为，"专业课程的专业性使其在开展大学生思想政治教育上具有强大的说服力和感染力。要激励和引导专业教师不断丰富课程思政内涵、提升课程整体质量，只有让专业课程中的思政元素从本课程中自然长出，与专业知识、专业精神相得益彰、合而为一，才能真正彰显课程思政教育教学润物无声的效果。"

转评价：课程思政成效将成"双一流"建设、教师考核评价重要内容

课程思政建设是一项长期性、系统性的工程，要想真正见效，需要完善的政策引导机制、公共服务体系和评估评价机制。这也是此前推进课程思政建设的堵点所在。

记者注意到，此次《纲要》积极用好评价这根"指挥棒"，强调建立健全多维度的课程思政建设质量评价体系和激励机制。未来，课程思政建设成效将成为"双一流"建设监测与成效评价、学科评估、本科教学评估、一流专业和一流课程建设、专业认证、"双高计划"评价、高校或院系教学绩效考核等的重要内容。

"《纲要》对提高教师课程思政建设的意识和能力提出了一系列创新要求，同时对建立健全课程思政建设质量评价体系和激励机制提出了多项工作举措。比如建立健全多维度的课程思政建设成效考核评价体系和监督检查机制，在教学成果奖、教材奖等各类成果的表彰奖励工作中突出课程思政要求，加大对课程思政建设优秀成果的支持力度等。"在中国人民大学党委书记靳诺看来，这既包含着对教师课程思政意识的培养塑造，又包含着对教师思政育人能力的淬炼提升，也包含着对教师综合素质能力全面评价机制的提档升级。

教育部高教司相关负责人表示，下一步还将抓好课程思政示范典型，选树一批课程思政建设先行高校、一批课程思政示范课程、一批教学团队和教学名师，建设一批课程思政教学示范中心，设立一批课程思政建设研究项目，在全国树立课程思政教学标杆。

（来源：2020 年 6 月 6 日《光明日报》；作者：邓晖）

第三节 破解教育客体吸收内化的困境

高校思政工作"最根本的是要全面贯彻党的教育方针，解决好培养什么人、怎样培养人、为谁培养人这个根本问题"。一方面，各种社会思潮充斥自媒体，学生自我意识呈现出多元化特征，导致教育供给侧需求隐性抬高，教育理念、教师素养、课程设置、课程内容、教育方法等都需要整体性迭代。另一方面，学生群体接受价值观教育的内生动力不足，在一定程度上存在社会道德实践与主流价值观相悖等现象，这成为课程思政建设必须切实解决的问题。

基于上述问题，中心明确提出，要加强和改进课程思政建设，教师必须做到"育人者先育己"。一是不断丰富专业储备。教师必须在不断扩展知识掌握的广度、深度和熟练程度的同时提升科研和教学水平，主动对标国家需求和科技前沿，保证知识传授能够适应人才培养的需要。二是充分学习思政知识。教师必须具有扎实的思政理论基础和思政工作素养，具有对信息整体掌握、筛选甄别、提炼提升、灵活使用的能力。三是持续丰富青年语料。教师必须坚持与时俱进、守正创新，紧跟时代发展，熟悉青年学生的思维习惯、生活喜好，将学生所熟悉和接受的具有正能量的话语、具有良好形象的公众人物、具有启发和教育意义的热词等巧妙运用到教育教学中。

当前，在教育教学过程中，由于理论课堂与实践课堂的贯通性不足、多元课程之间的协调性不足，思政元素与价值观培育无法实现一体式互融，甚至出现不同课堂传输的价值观存在差异的现象，使学生难以做出清晰的价值选择和价值判断。

中心提出"任务驱动"教学模式。教师分类确定知识传授与价值导向高度融合的教学内容，结合专业特色有机融入思政元素，使其符合学生的认知特点，实现教材内容精选及其向课堂教学体系的转化。在课堂教学中，通过小组讨论互评、实验实训、情景模拟、游戏互动等，丰富学习形式、加强知识共享、促进情感交流，强化师生互动、生生互动，引导学生在讨论、批判与反思中培养解决复杂问题的综合能力、高级思维和创新精神。通过任务驱动式教学模式使任务外推力与培育学习内驱力相结合、阶段式任务环节与针对性教学方法相结合，增强学生的情感和意向性体验，实现教学中理论知识、道德情感、道德意向的知情意统一，于无形中实现价值"塑形"。

【拓展与借鉴】

"文化自信、良性竞合、创新变革"
——三个维度开展"软件项目管理"课程思政建设
授课教师：东北大学　郭军

立足教育部对特色化软件学院的"探索具有中国特色的软

185

件人才培养路径、培养满足产业发展需求的特色化软件人才"的办学定位，聚焦软件工程专业培养"具备强适应能力的高素质软件人才"重任，开设"软件项目管理"本科必修课。本课程通过学习软件项目管理最新理论、最佳实践和变革趋势，培养学生驾驭高不确定性和高复杂性软件项目的管理能力。课程立足"文化自信、良性竞合、创新变革"三个维度开展课程思政建设，实现价值塑造、知识传授和能力培养的有机融合。

1.基于传统文化、经典战役和现代案例深度解析项目管理的发展脉络和底层逻辑，塑造文化自信。在管理理论上，将百年来项目管理归纳为五代：科学管理、人本管理、精益管理、价值共生和智慧管理。其中，前三代以西方、日本为主导，第四代由中国学者提出，第五代则由本课程组提出。将中国传统文化中的孙子兵法"道天地将法"与现代软件项目管理知识体系相映射，将三湾改编与组织管理变革结合，将四渡赤水与敏捷开发类比，将辽沈战役与范围管理和风险管理互融，将华为IPD（集成产品开发）与传统迭代模型对比，揭示项目管理的底层逻辑，从而自然塑造学生的文化自信。

2.模拟软件项目管理全过程的多种变化，培养学生从表象应变到和自我革命的内生动力。根据真实项目案例的演进历史，设计在不同教学时间点上的多个变化点，包括需求变化、团队变化、市场变化和心理变化等，培养学生不仅从技术、管理的表象层面提出解决方案，还要从学习力、情绪、诚信、韧性、谦和、自信、协作等多个角度自我升华。

3.在项目实践过程中布置学生个体难以解决的"障碍点"，培养学生以外聚合力进行项目攻关和突破的融合创新思维。将时间限制、成本约束、技术障碍、知识瓶颈、国外封锁等个体难以解决的"难点"嵌入每周"剧情化"的迭代演进中，和北京大学、南开大学、华为公司、东软集团等高校和企业合作，培养学生建立融合创新思维，融合多方力量凝聚团队力量、集聚外部资源，以合作换时间、以合作换空间，实现更高的质量、探索更大的创新、思考更高的站位，从而具备破解产业变局挑战的强适应能力。

4.时效课堂：创建思政故事驱动的6S教学法，实现对学生内生动力和外生动力培养的即时效应和延时效应。提出了思政故事驱动的6S教学法，即将每次授课过程（100分钟）划分为6个S：Story（思政故事导入、激活学生、引出问题）、Solution（融入知识点的不同的解决方案）、Shine（融入思政元素和创新元素的闪耀升华）、Strengthen（强化巩固）、Summary（总结，以及融入创新元素的留白）、Sailing（融入创新元素的实践启航，课后实践作业与前面的思政故事首尾呼应）。

5.平台服务：构建课程思政的数字化服务平台，实现对资源的共享、共建和共创。针对我国软件项目管理类课程思政过"硬"的问题，构建了数字化服务平台，向国内高校（辽宁大学、沈阳工业大学、沈阳航空航天大学、宁夏理工学院等）提供资源、基地、案例、项目和学情分析等共享服务，并支持合作高校共建和共创课程，从而实现课程的示范价值。

我们要建设的教育强国，是中国特色社会主义教育强国，必须以坚持党对教育事业的全面领导为根本保证，以立德树人为根本任务，以为党育人、为国育才为根本目标，以服务中华民族伟大复兴为重要使命，以教育理念、体系、制度、内容、方法、治理现代化为基本路径，以支撑引领中国式现代化为核心功能，最终是办好人民满意的教育。

——习近平总书记2023年5月29日在二十届中央政治局第五次集体学习时的讲话

第八章
课程思政建设重在协同育人

课程思政，就是要深入挖掘并运用各门课程和教学方式中蕴含的思政教育元素，有效引导教师发挥课程育人的主体作用，切实把思想政治教育贯穿于教学实践的全过程，实现各门课程协同育人。如何真正做到育知和育德的有机融合，达到育人和育才的真正统一，是当前各高校落实立德树人根本任务、实现教育价值旨归的重点难点。这就要求我们必须从理念架构、组织设计、实施推进等多方面着手，凝练经验、总结规律、创新形式、丰富内容，着力构建高水平的课程思政协同发展体系，实现高校课程思政教师队伍从"良心活"向"政治强"转变、教学内容从"讲教材"向"讲学理"转变、教学方式从"单独唱"向"大合唱"转变。

必须做到知识传授与价值引领相协同。教师首先要增强"教育者先受教育"的自觉，提升对科学理论掌握的系统性，强化育心铸魂的主动性、责任感，将思政教育体系与知识教育体系相贯通。提高专业教育和思政教育有机融合的功力，提高思政元素的融入量、提升思政元素与课程内容的融合度。注重教育内容设计的逻辑自洽和内涵延展，"显隐结合"、以"隐"为主。统筹设计、实施和效果检验，做到"课程设计有灵魂、课堂教学有活力"。

必须做到打造标准与激励创新相协同。课程思政必须坚持社会主义办学方向，既遵循课程建设的逻辑，又遵循学生的成长规律和成才需求；既兼顾课程内容的学术性、发展性，又注重建设的个性化、多元化，做到因材施教、顺势而为。逐渐构建课程思政建设的科学标准和评价体系，使课程思政要求深入教案修订、教材编审，体现在教学大纲和人才培养方案中。要结合工作实际和办学特点，在典型示范的基础上实现课程体系、专业体系、学科体系的全链条贯穿，使课程思政由小到大、由点到面，实现全覆盖。同时，要做到创新赋能，鼓励先行先试，将教师开展课程思政建设情况纳入绩效考核、评优奖励等指标体系中，建立起逐步完善的考核和激励相结合的评价体系。

必须做到科学设计与有序实施相协同。教师需围绕"价值目标"的实现度，对课程思政的内容、手段、方法进行科学设计，将定量与定性结合，改变惯性的"量化"思维，克服用"完成任务"数量来机械评价教育效果的错误倾向。注重渐进化推进，坚持问题和目标双导向，杜绝一蹴而就，防止一哄而起、一哄而散，逐渐实现"建""评""改"一体化，切实提高课程思政实效。实践证明，课程思政建设必须坚持个性化评价，不搞人人过关、避免层层留痕，从教学目标达成度、学生培养质量等维度进行客观考量，动态监测课程思政建设质量，建立问题快速反馈和有效解决的评价机制，使课程思政建设行之有效、行稳致远。

我们必须清醒地认识到：

教育是功在当代、利在千秋的德政工程，是具有农业耕作特点的生命化培育，而不是工业化的流水线复制，特别是作为"生命线"的思政工作，具有典型的"后效应"特征，必须持之以恒、久久为功。

　　基于此，课程思政建设必须遵循思政工作规律、教书育人规律、学生成长规律。在课程思政建设中要反对简单移植他人模式、套用其他课程模板、照搬他人经验的教条主义，也要反对建设了就是建成了、用设计作为经验、用汇报总结的"漂亮"程度衡量建设质量的好坏、用论文研究代替实践探索的形式主义。

　　课程思政作为一项系统工程，必须注重整体化构建，实现教育主体、客体、环体等要素的整体协同，下好"一盘棋"，以社会主义核心价值观为引领，以全面提高人才培养质量为关键，实现思想政治教育与知识体系教育的有机统一。必须注重差异性，要根据不同高校、学科、专业、课程、教师的特点，强化分类指导、分步实施，不能用同一固定模式、同一量化指标简单进行评价。必须注重渐进化推进，坚持问题和目标双重导向，推进思路、教材、教法攻坚，实现教育方式有创新、思政建设有成效。

后 记

孤举者难起，众行者易趋。

在本书编写过程中，岳登晓、王刚、王泽燊、彭亮、于亚新、林丹、孙晶、赵浚等老师在框架构建、内容撰写与修改等方面做了大量的工作，提出了很多宝贵的意见和建议。本人指导科研训练或毕业论文的本科生王星儿、杜昊、梁辰、苏诗雯、马琳等在文献收集整理、文字校对修改等方面付出了很大努力。在探索道路上，留下了太多的感谢与感动。

清渠如许，必有源头活水。

本书在成稿过程中参考借鉴了大量经典著作、政策文献、专家学者的研究成果、公开的新闻报道和工作简报等，书中以不同方式进行了标注，在此表示衷心的感谢；标注难免挂一漏万，在真挚感谢的同时也深表诚挚的歉意！全书在许多地方加入了"拓展与借鉴"，篇幅很大、材料很多，力图在增加内容丰富程度的同时，借他山之石，弥补本书整体内容上的诸多缺陷和体系上的不尽科学。

如此而论，本书更有合辑之意！

由于时间、精力、能力和学识等诸多原因，本书所辑内容多为探索性思考、尝试性架构，难以上升到真正的学术层面。恳请专家、同行和广大读者予以批评指导！

如此而论，本书仅可美其名曰"实践研究"！

"与其坐而论道，不如起而行之。"

课程思政建设任重道远！

作为实践者、作为探索者、作为为师者，我们必须坚信：道阻且长，行则将至；行而不辍，未来可期！

正如东北大学校歌结尾所云：

"使命如此其重大，能不奋勉乎吾曹"！